ちくま新書

アメリカ政治講義

西山隆行
Nishiyama Takayuki

JN259828

1331

アメリカ政治講義【目次】

はじめに

近年、海外事情に関する情報が容易に入手できるようになっていて、アメリカ政治についても様々な論評がなされています。しかし、それらの中には、残念ながら首を傾げざるを得ないようなものも存在します。時事問題の詳細な情報は伝えているものの、アメリカ政治の基本的な特徴や事実を理解していないがゆえに、誤解を招く紹介となっている場合があります。時には、アメリカ政治の文脈やメカニズムを無視して、その著者が作り上げた独特の文脈の中に現象を位置づけて糾弾するような、知的誠実性を疑わざるを得ないものも散見されます。筆者（西山）もメディア関係者からインタビューを受けることがありますが、いただく質問にバイアスがかかりすぎているために、いただいた質問の前提を覆すような基本事項の説明をせざるを得ない場合もあります。

アメリカ政治について一家言ある人が増えているのはよいことですが、誤った事実や不適切な文脈に基づいて評価が行われたとしても、それは真の国際理解にはつながりません。筆者（西山）はこれまで複数の大学や市民講座、メディアなどでアメリカ政治についての解説を行ってきました。その中で、多くの方が関心を持っている事柄、誤解をしてしまっている事柄が何となくわかってきました。本書は、それらの点を念頭に置きながら、アメリカ政治に関する基本的な事柄を、できるだけわかりやすく伝えることを目指しています。

そして、本書では、成蹊大学法学部政治学科の三人の学生さん（黒山君、清水さん、吉積さん）の協力を得て、基本的な内容を語り口調で記すことにしました。ゼミでアメリカ政治について学んでいる彼らに、アメリカ政治について多くの方が知りたいと思っているのではないかと思われる素朴な疑問や、学ぶ中で生じてきた疑問や感想などを挙げてもらい、それを中心に議論を組み立てることにしました。その疑問は、例えば以下の通りです。

第一章　アメリカの民主政治

・アメリカは民主主義を体現する国だといわれている。にもかかわらず、選挙の際の投票率は低い。なぜだろうか？

・日本では一票の格差が存在することが問題となっている。アメリカでは一票の格差の問題は存在しないのだろうか？
・アメリカでは選挙が終わるたびに、不正投票が行われたのではないかという議論が巻き起こっている。なぜだろうか？

第二章　大統領と連邦議会

・アメリカの大統領の権限は、日本の首相と比べて、強いのだろうか？　弱いのだろうか？
・議院内閣制を採用する場合と大統領制を採用する場合で、政治にどのような違いが発生するのだろうか？
・偉大な大統領、リーダーシップのある大統領とは、どのような人なのだろうか？

第三章　連邦制がもたらす影響

・アメリカの連邦政府と州政府の関係は、日本の中央政府と都道府県の関係と同じと考えてよいのだろうか？
・連邦制は大統領選挙とどのような関係に立っているのだろうか？
・州以下の政府が大きな自律性を持つことは、アメリカ政治にどのような影響を及ぼすのだろうか？　州以下の政府が多様な政策をとりうることは、人々に幸せをもたらすのだろうか？

第四章　二大政党とイデオロギー

・アメリカの二大政党政治は保守とリベラルの対立の構図で描かれることが多い。そもそも、アメリカにおける保守とリベラルとは、一体どういう意味なのだろうか？
・アメリカの政党にはどのような特徴があるのだろうか？　二大政党ともに内部対立を抱えているように見えるが、それはなぜなのだろうか？
・アメリカでは、政府閉鎖が時折起こるほどまでに二大政党の対立が激化している。なぜだろうか？

第五章　世論とメディア

・世論は民主政治の基礎なので、政治に世論の意向を反映すべきだ。だが、政治家は世論調査の結果と異なる政策の実現を目指して行動しているように見える。なぜだろうか？
・メディアは、政治にどのような影響を及ぼしているのだろうか？　インターネットやSNSの発達はアメリカ政治にどのような影響を及ぼしたのだろうか？
・最近、フェイクニュースが増大するとともに、国民のメディアへの不信が強まっているといわれている。なぜだろうか？

第六章　移民・人種・白人性

・ドナルド・トランプ大統領は、中南米系移民がアメリカに麻薬や犯罪をもたらすと発言し、メキシコとの国境に壁を作ると主張している。そもそも、中南米系移民の存在が問題となっているのはなぜだろうか？
・南北戦争と公民権運動を経て、黒人に対する法的差別は撤廃されたはずだ。なのに、未だに人種間の平等をめぐる問題が大争点となっているのはなぜだろうか？
・二〇一六年大統領選挙では、労働者階級の白人がトランプを強く支持したといわれている。それと移民や人種の問題はどのように関わっているのだろうか？

第七章　税金と社会福祉政策

・アメリカは「小さな政府」の国だといわれている。にもかかわらず、納税者の間で税金に対する反発が依然として強く、税率のさらなる引き下げを求める声が強いのはなぜだろうか？
・アメリカはしばしば福祉後進国だといわれる。アメリカの社会福祉政策にはどのような特徴があるのだろうか？
・アメリカでは自由貿易に対する懐疑が強まっていて、グローバル化は不平等をもたらすという主張も強い。自由貿易と社会福祉政策は、どのような関係にあるのだろうか？

第八章　文化戦争の諸相
・アメリカでは大統領が演説を行った後に「神の御加護あれ」と発言したりする。政教分離の観点から問題にならないのだろうか？
・世界で最も近代化が進んでいるアメリカで、進化論や人工妊娠中絶をめぐる問題が大争点となるのはなぜだろうか？
・アメリカでは銃乱射事件がしばしば発生し、世論も穏健な銃規制に賛成している。にもかかわらず、銃規制が進まないのはなぜだろうか？

今年（二〇一八年）はアメリカでは中間選挙が行われる年なので、時事問題に関心を持って、本書を手に取った方も多いかと思います。もちろん、本書は主に最近の事象を例として取り上げているので、そのような読者のニーズにもお応えできると思います。ただし、本書がアメリカ政治の時事分析をすることだけではなく、アメリカ政治に一般的にみられる特徴を明らかにしようとしていることは、質問項目をみていただければわかっていただけると思います。

時事問題は多くの人の関心をひきますが、発生している問題の表面を追うだけでは、本当にアメリカ政治を理解したことにはなりません。時事問題を素材としつつ、より深い次元で、アメリカ政治の読み解き方を身につけてくだされぱと思います。

西山隆行
黒山幹太
清水美輝
吉積たまき

第 一 章

アメリカの民主政治

アンドリュー・ジャクソン（R.E.ホワイトサイド画）

1　民主主義を具現する国、アメリカ？

✝独裁政治の否定？　代表なくして課税なし？

アメリカはしばしば民主主義を具現する国家、あるいは、民主主義の権化であるかのようにいわれています。アメリカは、ヨーロッパの君主制、独裁政治を否定することを目指して建国された国であり、独立戦争の時に「代表なくして課税なし」というスローガンを掲げたように、代表制、民主政治を建国の理念としているとも指摘されます。

このような印象は、アメリカのみならず、世界の多くの国でも共有されています。ただ、これは歴史的な背景を考えてみると、少し変な話です。アメリカはイギリスから独立しましたが、独立戦争期のイギリスは、他のヨーロッパ諸国と比べると圧倒的に自由度が高い国でした。イギリスはたしかに君主制を採用していました。しかし、イギリスは今も女王がいる立憲君主制の国であり、それを問題視する人が多いわけでもありません。今日と比べれば民主化の進展度合いに限界があったことは間違いありませんが、少なくともイギリスは独裁国家ではありませんでした。独裁政治を否定することを目指してアメリカが建国されたというのは、実態を反映していません。

また、「代表なくして課税なし」というのは、今日では理に適った当然の話に聞こえるかもしれません。植民地の人々の間では、イギリス本国の人々は課税への代償として議会に代表を送っているとされていました。それに対し、植民地の人々は課税されているにもかかわらず議会に代表を送ることができないのは不正なので、イギリス本国並みの扱いをせよというのが植民地の人々の論理でした。しかし、イギリスで全成人男性に参政権が付与されたのは一九一八年であり、独立戦争の時点では投票権に財産資格要件があったので、代表なくして課税されるのは当時の多くのイギリス国民にとっては当然のことでした。植民地の人たちが本国並みの扱いをしろといって革命を起こしたというのも、「代表なくして課税なし」というのも、実態を反映していないのです。

このような実態はさておき、今述べたようなスローガンは今日でも繰り返し主張されて、多くの人から支持されています。これは、アメリカで民主政治に高い価値が置かれていること、アメリカは民主主義を体現する国だという意識が強いことの表れだといえます。

†共和政と民主主義の過剰

アメリカの建国者の議論に特徴的な点は、君主に主権があるという考え方を否定し、人民に主権がある政治体制である共和政を実現すべきと主張していた点です。共和政や人民主権の重要性を早くから指摘した点が、アメリカの建国者の業績であることは間違いありません。

ただし、人民に主権があるといったとしても、それは、人民に政治を委ねることとは違うと考えられていました。実際、建国者たちには、人民に政治を委ねるという発想はなかったと考えられます。

合衆国憲法は、大統領が君主的存在にならないように、大統領の権限を抑制する観点から作られたといわれます。しかし、それと同時に建国者が重視していたのは、民主主義の過剰、多数の専制を防止することでした。建国の父祖たちと呼ばれる人々は金持ちであり、アメリカで支配階級になることが明らかな人々でした。彼らは植民地時代と独立戦争の際に、貧しい人たちにお金を貸していました。もし、完全に民主主義原理、すなわち数の力に基づいて物事を決めることになると、借金を帳消しにする法律が作られる可能性が高くなります。そのような事態は避けなければならないというのが、合衆国憲法を作った人たちの中で強く意識されていたことでした。そうであるがゆえに、人民の意思を尊重しすぎないようにするため、議会の権限も大統領によって抑制される必要があるという考え方が強調されていたのです。

これが建国期のアメリカの「民主政治」の実態です。もちろん、歴史が展開していくに従って、投票権は徐々に拡大していきます。選挙が今日の民主政治において重要な意味を持っているのはいうまでもないことです。

民主政治に関する格言として、頭をかち割るよりは頭数を数える方がいいというものがあります。有権者は選挙で代表を選んで彼らに一定の自律性を与え、代表の行動の是非を次の選挙で判断します。政治家は次の選挙で再選されるという動機に基づいて行動します。要するに、政治家は給料をもらうという自己利益を実現するために活動しますが、そのためには有権者の要求を満たすことが必要となります。政治家による自己利益の追求と、有権者の満足の一致を目指す活動、これが民主政治という観点からみた選挙の仕組みだという話になるのです。

†投票権の拡大

選挙を行う際には、誰が選挙に参加できるのかが重要になります。政治という崇高な営みに参加するには何らかの資格が必要だという考え方は古典古代の時代から今日に至るまで一貫して存在していて、昔は身分や財産、性別や人種などの要件がありました。これらの要件は今日では撤廃されていますが、今でも年齢や国籍が投票権の制限の根拠として残されています。今日、参政権の拡大に伴って民主政治が実現されたといわれていますが、ひょっとしたら一〇〇年後には五歳児が投票権を持てるようになっており、五歳児によって「一〇〇年前は投票権が制限されていた時代だったんだよ」といわれているかもしれません。

アメリカでは、一八三〇年代のジャクソニアン・デモクラシーの時代について、民主政治が進展したと評価する人がいる一方で、女性や黒人の投票権が実現されないなどの限界があったとの批判もなされています。そのような批判は正しいのですが、時代の制約があることも念頭に置く必要があるかもしれません。

ちなみに、アメリカの選挙について興味深いのは、連邦の選挙の場合でも、その投票資格は州政府が定めるべきという認識があったことです。この問題が顕著に表れていたのが奴隷制の問題、つまり南部諸州が黒人の投票権を剝奪していたという事実です。他方、北部の州では建国期から黒人に投票権を与えているところがありました。ある種の不平等は昔からあり、そして今日でもあるというのが、投票権について興味深いところです。

†ジャクソニアン・デモクラシー

建国期以後、投票権が最初に大きく拡大されたのは、一八三〇年代の、いわゆるジャクソニアン・デモクラシーの時代です。アンドリュー・ジャクソン大統領は、民主主義を体現する人物だとしばしばいわれています。それまでの大統領が、大規模プランテーションを経営しているような特権階級に属する人々だったのに対して、ジャクソンは初の庶民出身の大統領だったからです。この時代に白人の成人男性については財産資格が撤廃され、投票権が拡大しました。ちなみに当時の成人は二一歳以上の人でした。

当時、白人男性の投票権が大きく拡大したのは画期的でした。しかし、今日からすると、投票権が拡大しすぎていたのではないかという見方もできます。一九世紀のアメリカには多くの移民がやってきていましたが、移民してきたばかりでアメリカ国籍を持っていない人々にも投票権を与えることが、多くの都市で慣行として認められていたからです。先ほど、今日では投票権を制限する要件として国籍が残っていると指摘しましたが、当時のアメリカでは国籍は投票権の重要な要素とは必ずしも考えられていませんでした。アメリカで外国籍の人が連邦の選挙で投票してはいけないという判例が出たのは、一九二八年のことです。いい換えるならば、それまでは外国籍の人も投票できたのです。

ジャクソン期以降の一九世紀は、都市で政治マシーンと呼ばれる、日本の後援会に似た、選挙対策を行う政党組織が発達した時代でした。政治マシーンの中で最も有名なタマニー・ホールは、「早起きして何度も投票しよう！」という標語を掲げていました。「何度も」という妙なスローガンが掲げられていたのはともかくとして、政治家を選挙結果に基づいて決定するという意味で、民主政治が重視されていたことがわかります。民主政治はしばしば腐敗と結びつけて論じられますが、当時のアメリカでは民主政治が重視されていたがゆえに、腐敗問題が顕在化していたのです。

なお、先ほど一九二八年に外国籍の人が連邦の選挙で投票できなくなったと紹介しましたが、今でも外国籍の人が投票できる選挙はあります。公立小学校の学区で校長などを選ぶ場合に、子どもがその学校に通っているならば、外国籍の人たちに、仮にそれが不法移民の人たちであっても、投票権を認めている場合があります。これは、アメリカでは不法移民の子ども、不法滞在中の子どもであっても、初等・中等教育を受ける権利が認められているため、その親も学校に関わることについては投票させるべきだという認識が強いからです。もちろん今後訴訟が起こったりする可能性もありますが、今のところは多くの地域で認められているのです。

†南北戦争と修正第一五条

次に投票権が大きく拡大したのは、南北戦争の後の時代です。合衆国憲法修正第一五条で、合衆国市民の投票権は人種、肌の色、あるいは以前の隷属状態を理由に、アメリカ合衆国あるいはいかなる州によっても否定、または制限されてはならないと規定されています。これは黒人であることを根拠に投票権を制限してはいけないことを表明しています。

では、南北戦争後に南部で黒人が投票権を行使できるようになったかというと、実際にはできていません。合衆国憲法修正第一五条は、黒人であることを根拠に投票権を制限してはならないと定めているにすぎず、黒人に投票権を認めなければならないとは書いていないからです。このニュアンスの違いは、実は今日でも大きな意味を持っています。いうなれば、人種によらない形で実質的に黒人の投票権を制限できる余地があったのであり、南部諸州は様々な形で黒人を排除する方法を考えていきます。

例えば、投票税を課して、それを払えない人には投票権を与えないようにするというのが一つの方法でした。また、識字試験を課して文字が書けることを投票権の要件として設定することもなされました。ただし、これらの条件だけでは白人の中でも投票権を持てない人が多くなってしまうので、祖父条項と呼ばれるものが多くの州で導入されました。これは祖父がアメリカかヨーロッパで投票権を持っていた人には投票権を認めるという規定でした。この祖父条項には難しいところもあって、白人の奴隷主が黒人の女性の奴隷との間に作った子どもには投票権を認めるという話になる可能性も残されています。

ただ実際には、その問題はあまり大きな問題にはなりませんでした。そもそも南部諸州では、奴隷解放をしたエイブラハム・リンカンの共和党に勝たせてはいけないというコンセンサスがあったため、南北戦争以降、民主党が常に勝ち続けました。そして、民主党という組織は政府機関ではなく自発的結社であるため、自分たちの代表者を選ぶ選挙の投票権は自分たちで決めたらよいということを根拠にして、白人だけで予備選挙を実施しました。そうなると、黒人の立場を重視する人が予備選挙で勝利することは実質的には起こりえず、仮に黒人が本選挙で投票権を持ったとしても実質的には意味がない状態が作られたのです。

アメリカで投票税や識字能力に基づいて選挙制限をしてはいけないという憲法修正がなされたのは、一九六四年の合衆国憲法修正第二四条ができた時です。実は、先進国の中でも遅いといえます。

†女性参政権と選挙年齢

女性の参政権については、合衆国憲法の修正条項で女性であることを根拠に投票権を剝奪してはならないと定められたのは、一九二〇年です。しかし、実際にはそれよりも前に多くの州で、女性に対する選挙制限は撤廃されていました。女性の参政権が早く認められたのは、基本的には男性と女性が同じ作業をしていた地域、要するに農業地帯でした。農業地帯では農繁期には男性も女性も同じように働いていたため、投票権に性別の差をつけるのは好ましくないだろうということで、早く女性の参政権が認められたのです。

ちなみに、女性参政権の実現が黒人の投票権の実現よりも遅かったのは、興味深いといえます。黒人の投票権実現を目指して活動していた女性の中で、なぜ黒人が投票権を持てるのに自分たちは持てないのかという意識が生まれたことが、女性の投票権を推進する動きにつながったともいわれています。

次に、投票権が認められる年齢については、建国当初は二一歳だったのが、一九七一年に合衆国憲法修正第二六条で一八歳に引き下げられました。選挙年齢が引き下げられた理由はベトナム戦争です。

一八歳以上の人たちは戦争の時に徴兵される可能性があります。それにもかかわらず、戦争をするか否かを決定する政治家を選ぶ選挙に若者が参加できないのはおかしいという問題提起が、一九五〇年代にドワイト・アイゼンハワー大統領によってなされていました。その当時はアイゼンハワーの問題提起は大きな力を持ちませんでしたが、若者がベトナム戦争反対の声を上げる中で、選挙に参加できる年齢を一八歳に引き下げることに支持が集まりました。

投票権を何歳にするかは、多くの国で徴兵との関連で定められることが多いという実態があります。日本では、他の多くの国では一八歳だから足並みを揃えようという声が強くなって選挙年齢が引き下げられましたが、そのような議論の仕方はむしろ例外的かもしれません。

2 投票率の低さ

†そもそも問題なのか?

民主主義の権化であるアメリカでは投票率も高いと思っている人がいるかもしれません。しかし、アメリカでは実は投票率は低いのです。大統領選挙は他の選挙と比べると投票率が高いのですが、その場合でもせいぜい五〇%ぐらいしかありません。中間選挙、つまり大統領選挙が行われない年に行われる連邦政府の選挙では、投票率はもっと低くなります。州や地方の選挙では、投票率が一〇%ぐらいしかない場合もあります。

民主主義の国アメリカで投票率がそれほど低いのはおかしいと考える人はいます。ただ、そもそも本当に投票率は高い方がいいのかについては、少し考えてみる必要があります。投票率を上げるために国民を動員する国もあります。動員されなくても、国民が政治に強い不満を持っていたら投票率は上がります。投票率が低いというのは、多くの人が政治にさほど不満を持っていないこと、ある程度人々が満足するような政治が行われていることの反映かもしれません。投票率の低さが本当に問題なのかは、議論があるところです。

とはいえ、アメリカの投票率が他の国と比べて低い理由は何かについては、考えた方がいいでしょう。

†制度的要因

その大きな理由として、制度的要因があるのは間違いありません。一つには、選挙が多すぎることがあります。連邦の大統領、上下両院の連邦議会選挙に加えて、州のレベルでは州知事、州議会に加えて、州務長官（州務長官というのは連邦では国務長官に当たる人たちです）などの閣僚も選挙で選んだりします。同じように、市のレベルでは市長、市議会議員などが選挙で選ばれることが多いです。他にも、消防署長や警察署長、公立学校の校長先生を選挙で選ぶところもあります。

今日、アメリカでは、五〇万人以上の公職者が選挙で選ばれているといわれています。さらに、その選挙は基本的に平日に行われます。祝日（ホリデイ）の語源は聖なる日（holy day）で、仕事をしてはいけない日という考えが伝統的に強いので、選挙は平日に行われます。そうなると、選挙に行くためには場合によっては仕事を休んだり遅刻したりしなければいけないことになるので、選挙に行く人は少なくなります。選挙の数が多く、しかも平日に行われることが投票率を下げている要因であることは否めません。

もう一つの制度的要因としては、有権者登録制度が挙げられます。日本には住民票があって、それに基づいて役所が有権者名簿を作ります。しかし、アメリカにはそもそも住民票がないので、選挙に行きたい人は自分で有権者登録をする必要があります。この有権者登録の方法は地域によってバラバラで、郵便投票を導入している州などでは選挙の一か月以上前に有権者登録をしなければ投票用紙が送られてこない場合もあります。他方、選挙当日に有権者登録をしても大丈夫な州もあります。運営の仕方に地域差はありますが、有権者登録と選挙当日、二回も足を運ぶ必要があるとなると、投票率が下がるのはやむを得ません。

この問題を回避するために、一九九三年にモーターボーター法というのが作られました。これは運転免許の更新や福祉の受給手続きをしに行く時に合わせて有権者登録ができるという制度です。これが導入されて投票率が若干上がったといわれています。

しかし、有権者登録が簡単になっても絶対に有権者登録したくない人がいます。それは、この有権者登録名簿が陪審員を選ぶ時の名簿としても使われるからです。アメリカでは住民票がないので、陪審員を選ぶ時の名簿として使えるのはこれしかないのです。有権者登録制度が投票率を下げる大きな要因となっているのは間違いありません。

ちなみに、住民票がない中で、投票率をどのようにして計算するのかと疑問に思う人もいると思います。実は、投票率を計算する際の分母には、一〇年に一度行われる人口統計調査の数が使われています。これには、不法移民や、留学中の学生の数も含まれるので、不法移民が多い都市や大学がある都市の投票率は、計算上低くなります。投票率の国際比較をする際には、この点も念頭に置く必要があります。

†合理性に基づく説明

制度の問題とは別に、投票率が低いのは人々が合理的だからだという説明もできます。この考え方にも、いくつかのバリエーションがあります。

日本では選挙の時に「あなたの一票が政治を変える」といわれることがありますが、冷静に考えると、誰かの一票で政治が変わるというのは独裁の定義です。むしろ、民主政治とは、特定の人の一票で政治が変わることがないようにしようとして考え出された政治制度なのです。そして、実際に一票差で選挙結果が変わった例は、ほとんどありません。だとすると、自分が投票に行っても行かなくても選挙結果は全体として変わらないということになるので、投票に行かないのは合理的だということもできます。

また、アメリカの大統領選挙や、連邦議会上院議員選挙については、二大政党の勝敗は大半の州では明白です。非常にリベラルなマサチューセッツ州やニューヨーク州では民主党が勝ち、逆に保守的なアラバマ州やオクラホマ州では共和党が勝つのは当然のこととされています（二〇一七年にアラバマ州で行われた上院の補欠選挙で民主党候補が勝利したのは衝撃でした）。いうなれば、これらの州でわざわざ投票に行く人は、相当熱意のある人たちなのです。

また、連邦議会の下院の選挙についても、多くの場合勝敗は明白です。連邦議会の下院の選挙は、現職候補が立候補した場合にはその再選率は九五％以上に達しています。連邦議会下院の選挙については、一〇年ごとに選挙区割りが行われますが、その時に現職に有利な形で選挙区割りが行われるのが一般的です。これをゲリマンダリングといいます。そうなると選挙結果は事前にほぼわかっているといえます。

さらに地方レベルの選挙に関しては、足による投票によって補われているという考え方もできます。人々は自由に引っ越せるのですから、引っ越さずにずっとその地域に居住しているのは、そこの政治に満足しているからだと考えられるのです。

こういうことを考えるとアメリカの投票率が低いことが大きな問題だとは、一概にはいえないのです。

3 選挙に関する諸問題

†一票の格差

選挙に関していくつか考えておくべき論点があります。一つは一票の重みの問題です。日本ではしばしば、「アメリカの選挙では一票の格差はほとんどない。これに対して、日本では一票の重みに違いがありすぎる」といわれます。しかし、それが正しい議論かどうかは、相当怪しい話です。

連邦議会の上院については、各州から一律二名が選ばれることになっています。しかし、州の人口には大きな違いがあって、ワイオミング州は人口五〇万人強ですが、カリフォルニア州は三七〇〇万人います。つまり、一票の重みの差は六〇倍以上あるのです。しかし、これはアメリカでは憲法上の問題にはなりません。なぜならば、人口規模に関わりなく、上院については各州一律二名を割り当てるのが合衆国憲法の規定だからです。もちろん、自分の一票の価値が低いという不満を持つ人はいるかもしれませんが、自分の票の価値を高くしたいと思うならば、票の価値に重みのある州に引っ越せばよいのです。

また、連邦議会下院については、「一〇年ごとに一度行われる人口統計調査の結果に基づいて、一票の格差が発生しないように一〇年ごとに選挙区割りがなされている」と日本では紹介されることが多いです。しかし、これもやや微妙な議論です。

区割りを行う際には、第一段階として、下院全体で四三五ある議席を州ごとに人口比例で配分することになっていますが、どれほど人口の少ない州にも最低一議席を配分することになっています。その結果、人口が少ないワイオミング州やモンタナ州も一人ずつ連邦下院議員を選出することができます。しかし、ワイオミングの人口はモンタナの半分しかありません。このように、下院でも一票の格差は倍以上存在するのです。一票の格差が発生しないように選挙区割りをしているのはあくまでも州内でのことで、州を越えると一票の格差は存在するのです。

もっというと、州の中でも一票の格差が本当にないかというと、微妙なところがあります。先ほども紹介したことですが、議席の配分をする時の根拠になっている人口統計調査は、どの地域にどれだけの人が住んでいるかという居住実態を調べるためのものなので、国籍は問われません。ですから、投票権を持たない留学生や不法移民も人口統計調査の中に加えられているのです。不法移民や留学生が多い地域には有権者数と比べると多くの議席が割り当てられて過剰代表されており、その意味で一票の格差は存在します。

さらには、一票の格差が何倍あるかという以前の問題として、投票権を持てない人たちがいます。連邦議会の議席は州ごとに割り当てられていますが、その結果、非州地域の人たちは投票権を持てないのです。例えばワシントンDC、プエルトリコ、グアム、サイパンはどの州にも属さない非州地域です。グアムは領土の三分の一を米軍基地が占めていますが、そういう地域の住民が軍の方針を決める大統領や連邦議会の選挙で投票できないのは果たして妥当なのでしょうか。プエルトリコは二〇の州よりも多くの人口を擁しているにもかかわらず、投票権を持たないのは妥当でしょうか。

ここで述べた事柄は連邦制の問題とも絡んで、複雑な問題を提起しています。連邦制が及ぼす影響については、第三章で検討することになっています。

†選挙管理と積極的投票権

公式には投票権を持っているにもかかわらず、実質的には投票権を剝奪された状態にある人たちがいるのではないか。あるいは、ある州では投票権を持つことができるのに、別の州では投票権を持てないという人がいるのではないか。以下では、このような問題について考えたいと思います。

まずは言語の観点です。先ほど、南北戦争後に南部諸州が識字テストに基づいて黒人の投票権を剝奪したことの反省に立って、合衆国憲法修正第二四条で読み書き能力に関係なく選挙に参加できるようにしたと説明しました。その観点からすると、投票用紙に候補者名を書く日本の方式は、字を書くことのできない人を阻害していることになるので、アメリカの場合には憲法違反ということになります。そのため、アメリカでは文字を書かなくても投票できるように、選挙管理委員会が様々な工夫をする必要があります。

難しいのは、アメリカの場合、公用語がないことです。英語は公用語ではないのです。そのため、選挙区内で投票権を持つ人のうち五％以上が話している言葉がある場合には、その言葉で読むことのできる投票用紙を準備しなければいけない、そして、その人たちが円滑に投票できるための選挙支援をしなければいけないと、一九六五年の公民権法で定められています。

しかし、アメリカでは、投票所の管理は多くの場合ボランティアによって運営されています。仮にその投票所で五％以上の人がベトナム語を話しているとしても、投票所の場所の指示や、投票用機械の使い方の説明などをベトナム語で行うことが可能かというと、困難を伴う場合があるのです。その結果、マイノリティの人たちが実質的に投票権を剝奪されているという議論がされることもあります。少なくとも、この問題は、マイノリティの投票率が低い理由の一つになっているといえるでしょう。

†重罪犯・元重罪犯の投票権剝奪

アメリカの特徴として、重罪犯、あるいは元重罪犯の投票権が剝奪されている事例が多いことが挙げられます。

アメリカでは投票権の資格を定めるのは基本的に州政府なので、彼らの投票権の扱いは州によって異なります。現在服役中の重罪犯にも投票権を保障している州もあれば、元重罪犯ですでに罪を償った人にも投票権を認めない州もあります。自州で重罪を犯した人の投票権のみを剝奪する州もあれば、他州で重罪を犯した人の投票権も剝奪する州もあり、その投票資格要件が投票所で十分に理解されていないため、本来ならば投票権を持つ人が投票できない事態が時折発生します。逆に、投票権がないにもかかわらず投票した人がいるのではないかというような不正疑惑が出てくる理由にもなっています。

今日、アメリカでは、五八五万人程度、人口の二・五%程度の重罪犯、元重罪犯が、投票権を持っていないといわれています。この中でも黒人の割合が高く、黒人の一三人に一人に当たる二二三万人が、重罪犯、あるいは元重罪犯であることを理由に、投票できない状態になっています。黒人の中でも男性は、約三二%が生涯のうち一度は刑務所に入るといわれていて、その三〇%が一時的、あるいは恒常的に投票権を失うのです。彼らから投票権を剝奪することの妥当性については、議論のあるところだと思います。

なお、重罪の定義は、それぞれの州によって異なります。興味深いことに、重罪によって投票権が剝奪されている人たちの理由の大半は麻薬、特に、マリファナです。近年、アメリカの一部の州ではマリファナの使用が条件付きで認められるようになってきているにもかかわらず、マリファナの単純所持が原因で投票権が剝奪された人はかなり多く、彼らは特定の州や地域に集中しています。

犯罪歴を根拠に投票権を制限することに憲法上問題がないのかについては、様々な議論があります。合衆国憲法修正第一四条二節には、反乱や他の犯罪に参加している者を除き、投票権は認めなければいけないという記述があります。投票権を制限しようとする人々はこの規定を根拠として引用しますが、それは問題ではないかという議論もあります。とはいえ、そもそもプエルトリコなど非州地域の人たちは罪を犯していないにもかかわらず投票権がないことを考えると、犯罪者の投票権の保障をしろという主張が優先的に取り上げられにくいこともあり、彼らの投票権を保障しようという動きは必ずしも活発化していません。

†有権者ID

近年、アメリカで選挙が行われると必ず、不正投票があったのではないかと問題提起されます。そのような問題提起は多くの場合共和党議員によってなされるのですが、これと密接に関わるのが、有権者ＩＤの問題です。

日本では、投票日前に有権者に葉書が郵送されてきて、それを持って投票所に行くのが一般的です。ただし、この方法では、来た人が本人かを確認するのは困難です。アメリカでも、有権者名簿に名前が載っていたとしても、果たして本人が投票に来ているかがわからないということで、選挙の時に写真付きＩＤの提示を要求する州が存在します。この妥当性が近年、民主党と共和党の間で論争の的となっているのです。

問題なのは、アメリカでは、有色人種、障害者、低所得者、若年層の写真付きＩＤの所持率が低いことです。これらの人々は、選挙の際に民主党に投票する傾向があります。それもあって、共和党が有権者ＩＤ提示を義務化しようとするのに対し、民主党は不要だと主張しています。

たしかに、名前を偽って投票に行く人がいるのは問題なので、何らかの形で本人証明を求めたいという主張も理解できます。他方、例えばオレゴン州では選挙は全部郵送投票で行われており、本人確認は行えません。また、軍人の在外投票に際しても、本人確認をせずに投票用紙が郵送されています。ちなみに、軍人は共和党を支持する傾向が強いです。このような状況を考えると、在外投票をする軍人の本人証明は不要だが、投票所に赴く際には有権者ＩＤが必要というのはおかしいという議論にも説得力があります。これが選挙の年には必ず問題になるのが、アメリカの面白いところです。

アメリカでは、選挙の年には必ず少なからぬ混乱が起きます。その大きな理由は、選挙管理が州や地方レベルで行われており、その自律性が高いことです。例えば、州で選挙管理を行う際の責任者は州務長官ですが、全五〇州のうち三五の州で、州務長官は選挙で選ばれています。選挙管理を超党派、あるいは無党派の形で行わなければならないと法律で決めているのは、五〇州のうちたった五州です。つまり、州務長官が自分の政党にとって都合がいい形で選挙管理を行っているのではないかとの疑念が出てくる可能性が常に存在するのです。

二〇〇〇年の大統領選挙に際して、共和党のジョージ・W・ブッシュと民主党のアル・ゴアが接戦を演じ、フロリダ州の結果によって大統領が決まるという状態になりました。その際に大問題になったのは、フロリダ州の州務長官が、ブッシュの選挙キャンペーンを手伝った人であったことでした。ちなみに、地方選挙の場合はどうかというと、超党派で選挙管理委員会が運営されているのは一五％ぐらいであり、無党派で行われているのは約三分の一で、こちらもあまり高くありません。

4　民主政治に関する諸問題

†利益集団政治

民主政治について考える上では、選挙以外の政治参加もいうまでもなく重要です。

例えば、利益集団に入って活動することも重要な政治参加の形態です。日本では利益集団の政治活動は腐敗の温床であるといわれます。同様の指摘はアメリカでもされていますが、それと同時に、利益集団の活動は民主政治を豊かにするという指摘もされています。

多くの人が民主的な政治参加といって思い浮かべるのは、選挙の際に投票することだと思います。しかし、選挙には大きな限界があります。まず、連邦の選挙は偶数年にしか行われず、最も頻度の高い下院の選挙でも二年に一度しか行われません。ではそれ以外の時期、政治に対して何のメッセージも出さなくていいのでしょうか。

また、選挙だけでは、有権者の意図がわからないという問題もあります。ある候補に投票したのは、その人物の外交政策がよかったからなのか、福祉政策がよかったからなのか、積極的に支持したい政策はないものの他の候補よりマシだと思って投票したのか、そもそも間違えて投票したのか、わからないのです。政治家は、選挙に落ちればただの人になってしまうので、選挙で勝利することは極めて重視しますが、その意味を適切に理解しようという思いは弱いかもしれません。投票は、個人の利益関心を政策決定者に伝える手段としては弱いのです。その点、利益集団が適切に行動することができれば、政治家に重要な情報をもたらすことができるかもしれません。

さらに、選挙では少数者の利益が実現されない可能性があります。例えば、アメリカでも、ある程度の数の障害者がいて、彼らの尊厳は尊重されて当然だという認識があります。ただ、障害者がどこか特定の選挙区に集中して住んでいるということはありません。彼らは色々な選挙区に少しずつ居住しているのです。この状態だと、特にアメリカのように小選挙区制で選挙を実施している場合には、彼らの代表を選挙で選ぶのは非常に困難です。彼らが政治に利益関心を表明するとすれば、裁判に訴えることと並んで、利益集団を作って働きかけるのは有力な選択肢になるのです。

また利益集団と似たものとして、社会運動も民主政治を豊かなものにするために重要な役割を果たしているといわれています（政治学者の中には、社会運動を広義の利益集団に含めて考える人もいます）。仮に選挙政治が認められているとしても、投票できる人たちが政治家に対して公に異議を申し立てることができない状態であるならば、豊かな民主政治が実現されているとはいえません。

イラク戦争の前、イラクの独裁者のサッダーム・フセインは選挙で選ばれたことになっていました。しかし、選挙の際に彼への対立候補が出ることは許されておらず、彼に反対意見を表明することも認められていませんでした。アメリカでは、対立候補を出せるだけではなく、政治に対して異議申し立てをすることが公的に認められるという条件がなければ民主政治は豊かにならないという考えが非常に強いのです。政治に不満を持つ人たちが社会運動を組織して、政治家に異議申し立てをすることに意味があるのです。その意味で公民権運動に代表される社会運動が非常に重視されています。

公共利益と民主政治

ただし、利益集団政治にバイアスがかかっていることも念頭に置く必要があります。まず、利益集団が組織化されやすい争点とされにくい争点があります。例えば、地球温暖化防止を目指すための利益集団と、公共事業を地元に誘導するための利益集団のどちらが組織されやすいかといえば、いうまでもなく後者です。

仮に、温暖化防止のために数億円の私財を投じる人がいたとしても、それによってもたらされる利益はごくわずかです。例えば、一〇〇年後の気温上昇を〇・一度抑えたとすると、それは貴重な貢献ですが、私財を投じた人の現実的利益としては小さいといえます。また、仮に温暖化防止で大きな成果を上げたとしても、それは公共利益というべき側面が強いため、涼しくなったという恩恵は私財を投じた人だけでなく多くの人にもたらされます。このような状態であれば、温暖化防止のために積極的に活動するよりも、むしろ温暖化防止のために行動する人がいたらその成果にただ乗りした方が合理的だといえます。

それに対し、地元に公共事業を持ってくることができれば、それから恩恵を受ける人は明確なので、その可能性があると思う人は利益集団を作って積極的に活動します。このように、一部の人に恩恵が集中する問題については利益集団が形成されやすいのに対し、公共利益をめぐる問題については利益集団が形成されにくいのです。民主政治の定義は多様ですが、仮に個別利益よりも公共利益の実現を目指すことの方が民主政治の理念に適っているると考えるならば、利益集団政治と民主政治の理念には矛盾する面があります。

†富と民主政治

利益集団と民主政治の問題を考える際には、富の問題も大きな論点になります。利益集団を形成し、維持するためには様々なコストがかかるので、貧しい人よりも豊かな人の方が、利益集団を形成したり、それに参加することが容易になるからです。数の上では多いであろう豊かでない人の利益関心よりも、数の上では少ないであろう富裕者の利益関心の方が表明されやすくなるというのは、民主政治の観点からすると問題かもしれません。

富と民主政治の関係は、選挙との関連でも問題となります。アメリカでは、社会経済的地位の高い人、具体的には、教育水準が高い人や所得の高い人は、政治的関与度が高く、そうでない人と比べると投票率が高いのです。ちなみに、アメリカでは農村地帯の人よりも都市部の人の方が投票率が高いという特徴もあります。日本では、教育水準が低く、収入の低い人、また、都市の住民より農村地帯の住民の方が投票率が高いのとは対照的です。この点は、むしろアメリカよりも日本の方に特殊な理由があると考えられますが、それはさておき、利益集団政治の点でも選挙政治の点でも、豊かな人の利益関心の方が表明されやすいことをどう考えるかは大問題です。

本章の議論から、アメリカの民主政治は非常に奥行きが深いことが理解できたかと思います。民主主義を体現する存在と自らを位置づけているアメリカの民主政治に様々な問題があることは明らかですが、ここで提示した諸問題は日本の民主政治を考える上でも参考になるのではないでしょうか。

第 二 章

大統領と連邦議会

アメリカ合衆国議会議事堂(ワシントンD.C.)

1　大統領の権限

†行政権は大統領に属する

日本では、首相が大きなリーダーシップを発揮した時に、アメリカの大統領との比較を念頭に置きつつ、その人のことを「大統領型首相」と呼ぶことがあります。このような呼び方がすんなり受け入れられるのは、アメリカの大統領が大きな権力を持っているという前提が多くの人に受け入れられているからだと思います。それは果たして正しいのでしょうか。

実は、多くの政治学者は、議院内閣制の下の首相と比べると、大統領の権限は弱いと主張しています。とはいえ、同じく議院内閣制や大統領制といっても、国によってその制度のあり方が異なるため、一般論を述べるのは必ずしも適切ではありません。

では、アメリカ大統領の権限についてはどうなっているかというと、行政部の内部では非常に強いものの、他の機関との関係では限定されているというのが特徴です。

この特徴は憲法の規定にみてとることができます。合衆国憲法第二章には、「行政権は大統領に属する」と書かれていています。これは日本国憲法第五六条で「行政権は内閣に属する」と書かれているのとは大きく違います。

日本の場合、首相は英語ではPrime Minister、つまり一番偉い閣僚を意味します。憲法上、内閣が行政権を持つという形で一種の集団指導体制が前提とされていて、その中で一番偉い人が首相だという意味になります。これに対して、アメリカの場合は、行政権は大統領一人に属すると規定されています。英語では、大統領はPresidentですが、アメリカの閣僚はMinisterではなく、Secretaryです。例えば国務長官はSecretary of Stateです。Secretaryは一般的には秘書を意味しますから、閣僚は大統領個人を補佐する人と位置づけられています。

この点について有名な話があります。南北戦争の時の大統領であるエイブラハム・リンカンは、閣議である提案をした際に閣僚が全員反対したのを受けて、「反対七、賛成私一人。従って賛成に決定された」という名言を残したというのです。これは、行政部内で大統領の権限がいかに強いかを象徴的に示しているといえます。このように考えるならば、閣僚、例えば国務長官が他の国と何かの交渉をして、何かを決定してきたとしても、大統領が夜中の二時にツイッターで「あれはダメだ」と書いたら、憲法の規定上そちらが効力を持つのかもしれません。

アメリカの大統領が行政部内部で強い権限を持つことの例としては、役人の政治任用を挙げることもできます。アメリカの官僚は、日本ほど強い権限を持っていません。日本の場合、高級官僚は時に閣僚の決定をひっくり返すほどの権威と権限を持つことがあります。それは、公務員試験を経て採用された役人が長い間同じポストについていて、高度な専門知識と組織を動かす力を持っているからです。しかし、アメリカの場合は、一八三〇年代のジャクソニアン・デモクラシーの時期から政治任用の伝統が非常に強く、大統領が新しい人に変わると、政策決定に重要な影響を及ぼしうる人を中心に、役人の多くを大統領が入れ替えることになっています。その結果、役人は大統領に忠誠を尽くす傾向が強くなるので、行政部内での大統領の威信は強くなります。

さらに、憲法上、大統領は軍の最高司令官と位置づけられています。これもある意味、大統領が強い行政権を持っていることを示す例といえます。

†他の機関との関係

これに対して、大統領の権限は、連邦議会や裁判所との関係においては、非常に限定されています。いわゆる三権分立と呼ばれるものです。

日本では、日本の議院内閣制も三権分立を表現していると説明されることがありますが、この説明には留保が必要です。日本の場合は国会議員の中から首相を選んでいます。日本では憲法の規定上閣僚の過半数は国会議員でなければならず、立法部と行政部の人員が兼職することを当然の前提にしています。議院内閣制は権力の「融合」を特徴にしているのです。しかし、アメリカの場合は、行政部と立法部の人員の兼職は認められません。例えば、大統領が上院議員を閣僚に任命したならば、その人は閣僚ポストを受けるために議員を辞めなければなりません。このように、アメリカの方が権力分立の点で厳格なのです。

いわゆる三権分立について、それを意味する英語は separation of powers だといわれます。しかし、これは厳密には正しくありません。歴代の多くの大統領のアドバイザーを務めていたリチャード・ニュースタットという著名な政治学者によれば、権力分立のポイントは、separate institutions sharing powers、権力を分有する異なる機関からなる政府だというところにあります。それは、立法権、行政権、司法権が分かれているのではなくて、立法権を主管する連邦議会、行政権を主管する大統領、司法権を主管する裁判所が、それぞれ別の機関として分かれていることを意味します。その上で、立法権、行政権、司法権は、単独の機関では完結しないようにする必要があります。

一般に、最も独立性が高いと思われている司法権についても、裁判所が単独で行使しているわけではありません。大統領に対する弾劾裁判は、裁判所ではなく連邦議会が行います。また、刑事事件について最高裁判所が有罪判決を出した場合でも、大統領が恩赦権を持っています。これは、連邦議会や大統領が司法権を一部行使していることを意味します。

現在、仮にドナルド・トランプ大統領が訴追されて有罪判決を受ける事態が発生したとすると、大統領は自らに対して恩赦を出せるかどうかが議論になっています。大統領に対する弾劾決議については恩赦を出せないと憲法で規定されていますが、大統領がその他の罪で有罪判決を受けた場合どうなるかは、法律解釈上はよくわからないのです。

立法権については、基本的な権限を持つのは連邦議会です。大統領選挙の時に大統領候補は、自分が大統領になった時はこういうことをやるのだと宣言しますが、大統領は法案提出権を持っていません。これに対し、日本の内閣は法案提出権を持っています。日本では、首相も大半の閣僚も国会議員なので当然です。しかし、アメリカの大統領は議員ではないので、法案提出権を持っていません。大統領にできるのは、連邦議会が通過させた法案に対して拒否権を発動するか否かを決定することだけです。これも広義の立法権ではありますが、アメリカの大統領が持つ権限は日本の首相と比べて弱いといえます。

2　大統領と連邦議会の関係

†大統領制と議院内閣制

では、大統領と議会の関係はどのようになっているのでしょうか。この点を考える上では、大統領制と議院内閣制がどのように違っているのかを考える必要があります（図1）。

議院内閣制の下では、行政部のトップである首相は、国会議員によって選ばれます。国民が首相を直接選ぶ仕組みにはなっていません。首相には、国会の多数党の党首が選ばれるのが一般的です。その結果、日本の首相は直接的には国民ではなく国会の多数党に対して責任を負うことになっています。逆に、首相が好ましくない行動をとった場合の責任は、その人物を選んだ国会の多数党にもあると考えることができます。要するに、日本では、首相・内閣とそれを選んだ国会の多数党は連帯責任を負うことが想定されています。首相

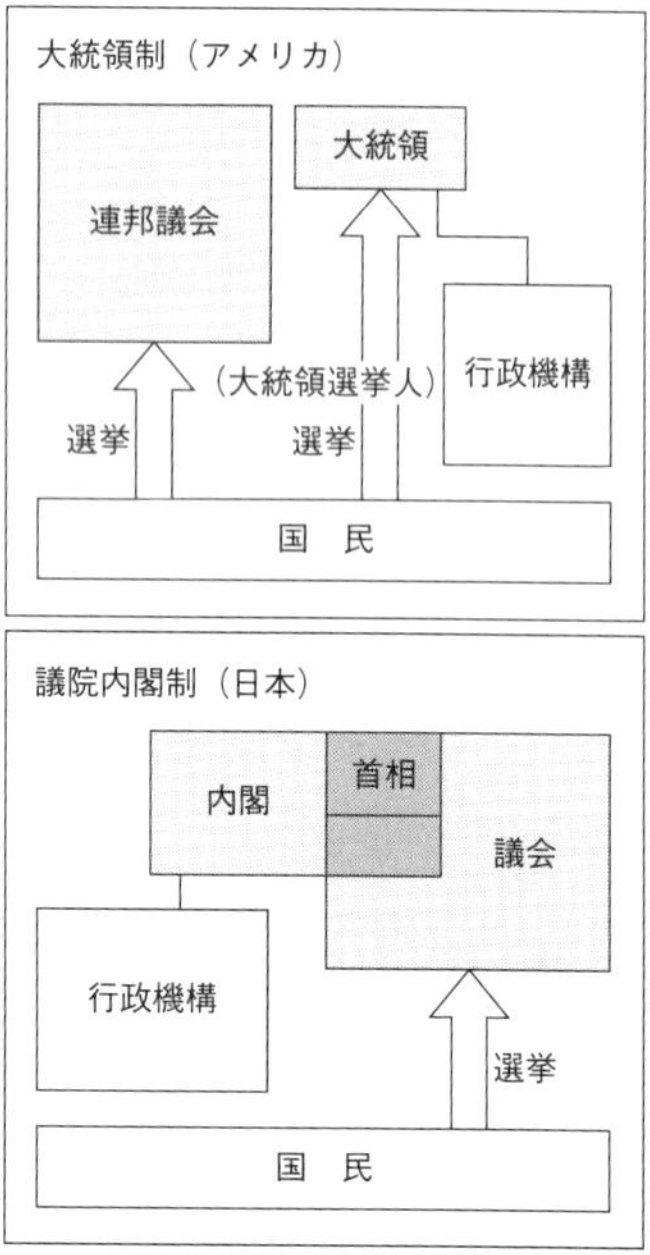

図1　大統領制と議院内閣制

や閣僚を出している政党のことを与党というのは、そのためです。

これに対して、大統領制の場合は、大統領を選ぶ選挙、連邦議会議員を選ぶ選挙は全く独立して行われて、一方（議会）が他方（大統領）を選ぶ関係にはありせん。大統領も議会も国民によって選ばれています。

この制度上の違いは、様々なところに影響を及ぼします。

まず、政党に対して及ぼす影響が非常に大きいといえます。先述の通り、大統領と連邦議会議員は独立した選挙で選ばれており、一方が他方を選ぶ関係にはありません。そして、大統領と連邦議会は抑制と均衡の関係に立つことが想定されていて、連邦議会議員が大統領を支えることは基本的には想定されていません。日本の場合は、首相がミスをした場合、その責任は首相を選んだ与党にもあると考えられるので、与党は首相が迷走しないように支えなければなりません。この点が議院内閣制と大統領制の大きな違いです。

第四章で政党について検討する際にも触れますが、日本の政党は、政党本部が候補者の公認権を持っています。これに対し、アメリカの場合は、大統領の場合も連邦議会議員の場合も、候補者は予備選挙や党員集会で決定されています。アメリカの政治家は、政党本部や党主流派と同じ立場をとる必要があるとは必ずしも考えていません。大統領制の特徴に加えて、このような政党の特徴もあって、アメリカでは政党規律が弱くなります。日本の場合は、首相が重要法案を通そうとする場合は与党がそれを支えるために党議拘束をかける必要がありますが、アメリカの場合は日本流の党議拘束は前提とはされません。この点は大きな違いです。

†分割政府

また、大統領と議会の関係の点でもう一つ重要なのが、分割政府と呼ばれる現象をどう捉えるかということです。

大統領と連邦議会議員が独立した選挙で選ばれ、一方が他方を選ぶわけではないため、大統領の所属政党と連邦議会の多数党が異なる状況が発生します。この状態のことを、分割政府といいます。大統領の所属政党、連邦議会上院の多数党、下院の多数党の三つが同じ政党という状態を統一政府と呼びますが、その一つでも異なっていれば分割政府だということです。分割政府は、かなりの頻度で発生しています。むしろ、統一政府の時の方が珍しいのが最近のアメリカの現状です（表1）。

分割政府は、日本のねじれ国会とは違います。日本のねじれ国会は、上院＝参議院と下院＝衆議院の多数党が異なる状態を指します。アメリカの議会の場合も、上院と下院でねじれが発生することはあります。しかし、分割政府というのは、議会の上下両院でねじれることではなく、立法部と行政部でねじれる事態です（もっとも、連邦議会がねじれている場合は、必ず分割政府だということになります）。

日本でねじれ国会の状態が発生すると、政治は膠着《こうちゃく》状態に陥り、重要法案が通らなくなります。では、アメリカで分割政府が発生すると、政治的に膠着状態が発生するのでしょうか。分割政府をどのように評価するか、そもそも、分割政府を発生させる大統領制をどう評価するかは、かなり議論が分かれる問題です。

まず、分割政府を好ましくないと考える根拠はいくつもあります。しばしば指摘されるのは、責任の所在が不明確になることです。重要法案が通らなかった場合、誰に責任があるのか、不明確になります。大統領は、自分はよい法案が出てきたら通したかったけれども、連邦議会が変な法案を出してきたのがいけないといって、議会、とりわけ他の政党に責任を押し付けようとします。連邦議会は、自分たちはよい法案を作ろうとしたけれども、大統領が拒否権を行使したのだ、あるいは、大統領が拒否権を発動しそうだから法案を提出しなかったのだというでしょう。このような状態になると、誰に責任を取らせればよいのか、次の選挙の時に誰を落とせばよいのかがわからなくなるのが、民主政治の観点からは問題となります。

また、法律が通らない状況が続くと、スキャンダルの暴露が増えることが明

選挙年	大統領	大統領の政党	上院多数党	下院多数党
1980	ロナルド・レーガン	共和党	民主党	共和党
1982			民主党	共和党
1984	ロナルド・レーガン	共和党	民主党	共和党
1986			民主党	民主党
1988	ジョージ・H・W・ブッシュ	共和党	民主党	民主党
1992			民主党	民主党
1992	ビル・クリントン	民主党	民主党	民主党
1994			共和党	共和党
1996	ビル・クリントン	民主党	共和党	共和党
1998			共和党	共和党
2000	ジョージ・W・ブッシュ	共和党	共和党	民主党
2002			共和党	共和党
2004	ジョージ・W・ブッシュ	共和党	共和党	共和党
2006			民主党	民主党
2008	バラク・オバマ	民主党	民主党	民主党
2010			共和党	民主党
2012	バラク・オバマ	民主党	共和党	民主党
2014			共和党	民主党
2016	ドナルド・トランプ	共和党	共和党	共和党

表1　分割政府と統一政府（太字は大統領選挙実施年）

らかになっています。政治家は、次の選挙で勝たなければなりません。しかし、二大政党が政策形成の面で違いが出せないとすると、相手の政党や候補のスキャンダルを暴露し、その足を引っ張ろうとするのです。このような事態が続くと、国民の間で政治に対する不信感、シニシズムが増大するとの懸念が示されています。

†政策革新論

これに対して、分割政府はむしろ好ましい影響を及ぼす可能性があるという議論もあります。分割政府の時の方が、政策革新が起こりやすいのではないかというのです。

分割政府の状況で各政党が重視する争点、考え方に固執し続けると、法律は成立しません。しかし、連邦議会議員がそのような状態で次の選挙に臨むことを良しとすることは稀です。政治家は、選挙で再選したいと考えます。マックス・ウェーバーは、政治家には政治のために生きる人と政治によって生きる人がいると指摘しました。しかし、大半の議員は選挙で落選すると生活の糧を得ることができなくなります。落選議員は政治のために生きることも難しくなってしまいます。

そのため、自分の政党の考え方に固執していては法案が通らないことがわかると、政治家が、斬新なアイディアに飛びつく可能性が生まれます。例えば、シンクタンクの研究員が出してきた独創的な政策案や、州や地方政府で実施された政策に二大政党の政治家が飛びつき、連邦議会の従来の常識では実現しえなかった内容の法案が通る可能性が生まれるのです。

分割政府をどのように評価するかは非常に難しい問題です。アメリカでは政党規律が弱いので、分割政府かどうかはあまり重要ではないのではないかという議論もあり得るかと思います。もちろん、政党規律が弱く、政党内部で対立が発生しているのは間違いありません。とはいえ、全体的な傾向としては、民主党がリベラル＝左派寄り、共和党が保守＝右派寄りというイデオロギー的分極化が進んでいて、一九七〇年代などと比べて二大政党間で政策的合意が得られにくくなっている結果、二大政党が妥協しないタイプの法案は増大しています。このような状況を考えると、分割政府が政治に及ぼす影響は大きいといえます。

†政界勢力結集と世論動員

次に、分割政府が発生することも念頭に置きつつ、大統領による政策立案の可能性について考えてみたいと思います。先ほども指摘したように、大統領は法案提出権を持たないにもかかわらず、様々な政策を提唱しながら大統領選挙を戦います。国民の間でも、大統領が提唱した政策案に対する期待もあります。もし、自分が望む政策課題を連邦議会が取り上げてくれそうにない、あるいは、検討してくれたとしても自分が好ましいと思っている方向で議論してくれそうにない場合に、大統領はどのように行動するでしょうか。

これについては、大きく分けて三つの対処法があると考えられます。

一つ目は、大統領が政界勢力を結集して、議会に働きかけを続ける方法です。先ほど言及した政治学者のニュースタットは、大統領に最も必要なのは説得する力だと主張しました。連邦議会が協力してくれない場合に、議会に協力要請を続ける、それと同時にワシントンの有力メディアなどに働きかける。このようにして政界勢力を結集し、自分が望ましいと考える内容の立法をしてもらえるように説得することが重要だというのです。

二つ目としては、世論に働きかけるという方法があります。国民的に評判の高い大統領がいる場合、大統領がこの法案を通したいとメディアを使って世論に直接訴えかけたにもかかわらず議会が動かないとなると、国民やメディアの批判が連邦議会に向かいます。その結果、大統領は自分の望む問題を立法化してもらえる可能性が出てきます。

†大統領令

三つ目の方法は、大統領令を出すことです。大統領令には、行政命令や大統領覚書など、何種類かのバリエーションがあります。

大統領令は大統領が行政組織、閣僚や官僚に対して出す命令です。基本的には行政部を律するためのもの、行政の指針を示すものであって、法律を代替するものではありません。日本の報道で時々、大統領令は議会の立法と同等の意味を持つと紹介されることがありますが、それは誤りです。大統領令は、既存の法律を覆すことはできませんし、大統領が代わって新しい大統領が先の大統領令を撤回すれば効力を失います。

大統領令が必要なのは、行政裁量を働かせ、法執行を効率的に行うためです。アメリカの場合は、日本でいうところの内閣提出法案がないため、法案の作成は全て連邦議会議員が行います。日本では官僚が法案を作ることが多いですが、アメリカの場合は、官僚は行政部に属していて大統領に仕える存在なので、連邦議会の法案作成に協力することは原則的にありません。その結果、連邦議会が作った法律は、過去の政策との整合性がなかったり、様々な人が妥協しやすいように重要な部分をあえて曖昧に規定していたりします。崇高な理念を打ち出しているにもかかわらず、それを可能にするための予算が付いていないという事態も起こりえます。そのような場合でも、行政部は法律を執行しなければいけません。

政権が法律を執行する上での具体的な方針を明確化すること、立法目的を効率的に実施するために優先順位を付けることが、大統領令の本来の目的です。

†大統領令の問題点と利点

大統領令は昔から存在しますが、バラク・オバマ政権、トランプ政権になって以降、本来の目的を逸脱して乱用されているのではないかともいわれるようになっています。例えば、オバマ大統領が出した、米国市民と永住者の親向け強制送還延期プログラム（DAPA）という大統領令は、連邦最高裁判所によってその効力が否定されました。このDAPAの前に出された、若年層向け強制送還延期プログラム（DACA）にも疑問が呈されています。

DACAは、ドリーマーと呼ばれる人たちを対象としたプログラムです。子どもの時に親に連れられて不法入国し、現在アメリカに不法滞在している人々のことをドリーマーと呼びます。彼らは、法的にみれば不法滞在に当たりますが、子どもの時に連れてこられたことを考えると、彼らにその責任を問うのは妥当ではないともいえます。彼らはアメリカに長く住んでいて英語以外話せない場合もあります。ですので、彼らを強制送還するのを延期しよう、そして、アメリカにいる間は生活をしなければならないので、彼らに労働許可を与えようというのがDACAです。そして、DAPAは、その子どもたちの親にも同じ規則を適用しようというものです。

DACAとDAPAの主要目的のうち、滞在許可を与えることについては、一般的には行政権の行使として容認されると考えられています。今日一一〇〇万人いるといわれている不法移民全員を一度で強制送還するのは不可能なので、どの人を優先的に強制送還するかを決める必要があるからです。問題なのは、強制送還しない人たちに労働許可を与えることです。滞在許可を与える以上、彼らも生活しなければならないので、働いて稼いでくださいというのはある意味自然な発想かもしれません。とはいえ、労働を許可することは、今ある法律の運用という枠を超えています。このようなことを大統領令でやってしまうのは、行政権の逸脱ではないかと批判されているのです。

実際にDAPAについては、連邦最高裁判所が違憲判決を出しました。DACAについては当初強い反対があったわけではなく、本格的な訴訟は提起されていませんでしたが、トランプ支持者の間で徐々に批判が強まり、訴訟が提起される前にトランプ大統領が撤回しました。

このように、大統領令には法律的にみると問題がある事例もあるといわれています。しかし、最近は二大政党が分極化傾向を示すとともに、党派対立が激化していることを考えると、大統領は自らの方針を実現するためには大統領令に頼るより他ないとも考えられます。近年、大統領が大統領令を頻発するようになっている背景には、二大政党の分極化と対立激化があるのです。

3　大統領のリーダーシップ

†リーダーシップに期待される理由

ここまで、大統領を取り巻く状況、憲法上の規定や議会との関係について考えてきました。それを踏まえて、偉大な大統領とはどのような人かを考えたいと思います。

アメリカでは、大統領のランキングがしばしば発表されます。南北戦争の時のエイブラハム・リンカンや、ニューディールの時のフランクリン・ローズヴェルト、初代大統領であるジョージ・ワシントンなどは、常に上位にいます。逆に、ユリシーズ・グラントやウォレン・ハーディングは常に最下位に近いところにいます。ランキングの高い大統領はリーダーシップを発揮したといわれる人々で、下位の人はリーダーシップがなかったといわれることが多いのです（表2）。

大統領のリーダーシップは一体どのようなものでしょうか。しかし、それを考える前に、そもそも人々はなぜ大統領にリーダーシップを求めるのかについても、検討する必要があります。

アメリカの建国者たちは、大統領が大きな権力を発動することを望んでいませんでした。先ほど指摘したように、合衆国憲法は権力分立を基本原則としていますが、これは、大統領が圧倒的権力を持つヨーロッパの君主のようにならないようにすることが目指された結果でした。大統領が大きな権力を行使することができないようにするためになされた立憲的な工夫が、権力分立だったのです。

読者の中でも、よほどの歴史好きの方を除き、トマス・ジェファソン以降、アンドリュ

シュレジンガー調査　1948年	シュレジンガー調査　1962年	マラネル＝ドッダー調査 1982年	マレイ＝ブレッシング調査 1982年	リンドグレン＝カラブレッシ調査　2000年	C-SPAN調査 2009年
偉大	偉大		偉大	偉大	
1.リンカン	1.リンカン	1.リンカン	1.リンカン	1.ワシントン	1.リンカン
2.ワシントン	2.ワシントン	2.F・ローズヴェルト	2.F・ローズヴェルト	2.リンカン	2.ワシントン
3.F・ローズヴェルト	3.F・ローズヴェルト	3.ワシントン	3.ワシントン	3.F・ローズヴェルト	3.F・ローズヴェルト
4.ウィルソン	4.ウィルソン	4.ジェファソン	4.ジェファソン	やや偉大	4.T・ローズヴェルト
5.ジェファソン	5.ジェファソン	5.T・ローズヴェルト	やや偉大	4.ジェファソン	5.トルーマン
6.ジャクソン	やや偉大	6.トルーマン	5.T・ローズヴェルト	5.T・ローズヴェルト	6.ケネディ
やや偉大	6.ジャクソン	7.ウィルソン	6.ウィルソン	6.ジャクソン	7.ジェファソン
7.T・ローズヴェルト	7.T・ローズヴェルト	8.ジャクソン	7.ジャクソン	7.トルーマン	8.アイゼンハワー
8.クリーヴランド	8.ポーク/トルーマン*	9.L・ジョンソン	8.トルーマン	8.レーガン	9.ウィルソン
9.J・アダムズ	9.J・アダムズ	10.ポーク	平均以上	9.アイゼンハワー	10.レーガン
10.ポーク	10.クリーヴランド	11.J・アダムズ	9.J・アダムズ	10.ポーク	11.L・ジョンソン
平均的	平均的	12.ケネディ	10.L・ジョンソン	11.ウィルソン	12.ポーク
11.J・Q・アダムズ	11.マディソン	13.モンロー	11.アイゼンハワー	平均以上	13.ジャクソン
12.モンロー	12.J・Q・アダムズ	14.クリーヴランド	12.ポーク	12.クリーヴランド	14.モンロー
13.ヘイズ	13.ヘイズ	15.マディソン	13.ケネディ	13.J・アダムズ	15.クリントン
14.マディソン	14.マッキンリー	16.タフト	14.マディソン	14.マッキンリー	16.マッキンリー
15.ヴァン・ビューレン	15.タフト	17.マッキンリー	15.モンロー	15.マディソン	17.J・アダムズ
16.タフト	16.ヴァン・ビューレン	18.J・Q・アダムズ	16.J・Q・アダムズ	16.モンロー	18.G・H・W・ブッシュ
17.アーサー	17.モンロー	19.フーヴァー	17.クリーヴランド	17.L・ジョンソン	19.J・Q・アダムズ
18.マッキンリー	18.フーヴァー	20.アイゼンハワー	平均的	18.ケネディ	20.マディソン
19.A・ジョンソン	19.B・ハリソン	21.A・ジョンソン	18.マッキンリー	平均的	21.クリーヴランド
20.フーヴァー	20.アーサー/アイゼンハワー*	22.ヴァン・ビューレン	19.タフト	19.タフト	22.フォード
21.B・ハリソン	21.A・ジョンソン	23.アーサー	20.ヴァン・ビューレン	20.J・Q・アダムズ	23.グラント
平均以下	平均以下	24.ヘイズ	21.フーヴァー	21.G・H・W・ブッシュ	24.タフト
22.タイラー	22.テイラー	25.タイラー	22.ヘイズ	22.ヘイズ	25.カーター
23.クーリッジ	23.タイラー	26.B・ハリソン	23.アーサー	23.ヴァン・ビューレン	26.クーリッジ
24.フィルモア	24.フィルモア	27.テイラー	24.フォード	24.クリントン	27.ニクソン
25.テイラー	25.クーリッジ	28.ブキャナン	25.カーター	25.クーリッジ	28.ガーフィールド
26.ブキャナン	26.ピアース	29.フィルモア	26.B・ハリソン	26.アーサー	29.テイラー
27.ピアース	27.ブキャナン	30.クーリッジ	平均以下	平均以下	30.B・ハリソン
失敗	失敗	31.ピアース	27.テイラー	27.B・ハリソン	31.ヴァン・ビューレン
28.グラント	28.グラント	32.グラント	28.タイラー	28.フォード	32.アーサー
29.ハーディング	29.ハーディング	33.ハーディング	29フィルモア	29.フーヴァー	33.ヘイズ
			30.クーリッジ	30.カーター	34.フーヴァー
			31.ピアース	31.テイラー	35.タイラー
			失敗	32.グラント	36.G・W・ブッシュ
			32.A・ジョンソン	33.ニクソン	37.フィルモア
			33.ブキャナン	34.タイラー	38.ハーディング
			34.ニクソン	35.フィルモア	39.W・H・ハリソン
			35.グラント	失敗	40.ピアース
			36.ハーディング	36.A・ジョンソン	41.A・ジョンソン
				37.ピアース	42.ブキャナン
				38.ハーディング	
				39.ブキャナン	

（*は同位）

表2　大統領のランキング

ー・ジャクソン、リンカン以外に一九世紀の大統領の名前を思い出すのは難しいかと思います。それは一九世紀に大統領が大きな役割を果たしてこなかったことの表れです。にもかかわらず、今日では、国民が大統領に大きな期待をかけています。この事態をどのように考えればよいのでしょうか。

国民が大統領に期待する一つの理由は、大統領がアメリカの中で唯一国民全体を支持基盤とする公職者だという点にあります。連邦議会議員は個々の選挙区を代表しているにすぎませんが、大統領は国民全体の意思を反映しうる存在だと考えられています。また、アメリカは共和制の国なので、日本の天皇のような元首はいません。いわば、アメリカの大統領は日本の首相と天皇を兼ねたような存在であり、国の象徴的な意味合いを国民が期待しているがゆえに、大統領がリーダーシップを発揮することが期待されているといえます。

†統治機構に対する不信

それに加えて重要なのは、統治機構に対する不信が非常に高まっていることが、大統領のリーダーシップに対する期待が強まる背景にあるということです。

統治機構というのは、政府や政権というのとは意味が異なります。政府や政権という場

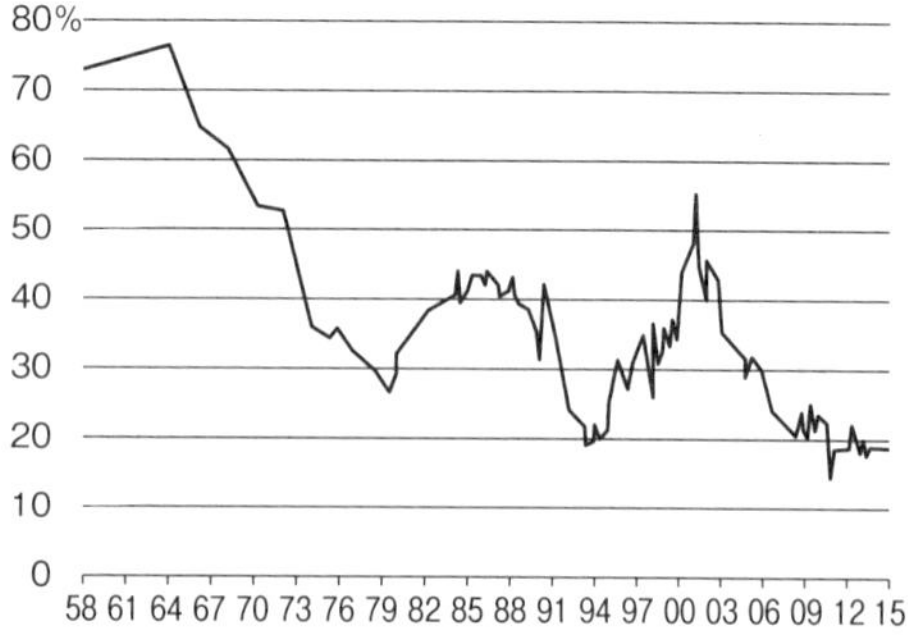

図２　統治機構に対する人々の信頼度の変遷（1958～2015年）
（出典）Pew Research Center,〈http://assets.pewresearch.org/wp-content/uploads/sites/5/2015/11/Trust-1.png〉.

合は、一般的には行政部や内閣が想定されています。

他方、統治機構はgovernmentという英語の訳ですが、governmentは行政部だけでなく立法部、司法部も含む言葉です。

図2は統治機構に対する人々の信頼度の変遷を示しています。これをみればわかるように、最近では統治機構に対する信頼度は下がっており、二〇一五年には一九％に下がっています。しかし、二〇一六年の段階でオバマ大統領への支持率は四九％あります（図3）。逆に連邦議会への支持率は、一五％と非常に低くなっています。大統領の支持率よりも連邦議会の支持率の方が低いのがアメリカの現状です。

†連邦議会議員の再選率の高さ

興味深いのは、連邦議会に対する支持率が低いにもかかわらず、連邦議会議員の再選率

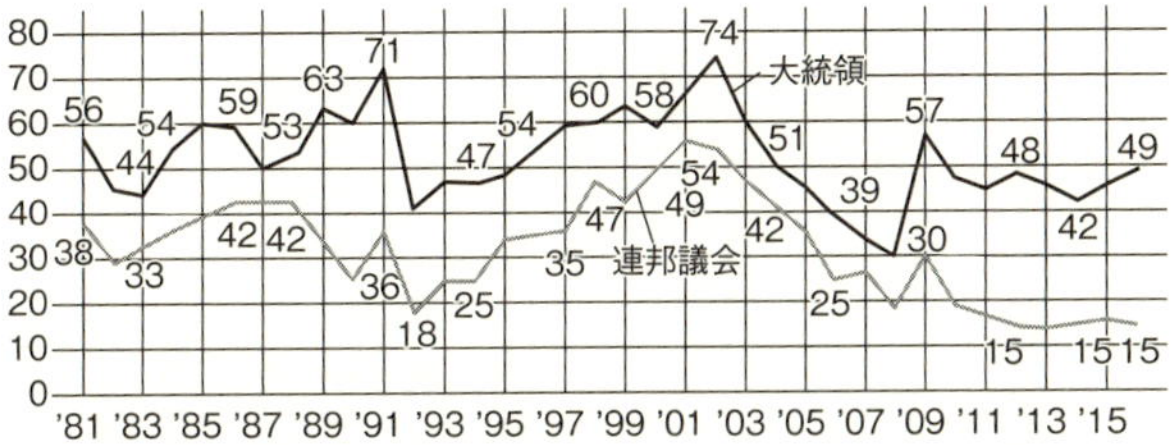

図3　大統領と連邦議会に対する支持率
（出典）Gallup,〈http://www.gallup.com/poll/191057/obama-retains-strong-edge-congress-job-approval.aspx〉.

は九割を超えていることです。現職議員が再選を希望すれば、かなりの確率で再選されます。議会全体への支持率は低いにもかかわらず再選率は高いという現象を、その傾向を指摘した政治学者の名をとって「フェノのパラドックス」といいます。

連邦議会議員の再選率が高いのには様々な理由があります。例えば、現職議員はしばしば自分を選出した選挙区に公共事業を持ってくることがあります。国民全体にそのような公共事業に対する評価を聞くと、否定的な回答がなされるでしょう。しかし、選挙区の住民にとっては、公共事業は非常にありがたい措置だといえます。このように、有権者が公共事業などについて、議会全体を評価する時と自分の選挙区を評価する時の基準が違ってくるのが一つの要因だといえます。

また、ゲリマンダリングも連邦議会議員の再選率を高めている理由です。アメリカでは一〇年に一度、人口統計調査の結果に基づいて州内で選挙区割りを行います。一般的には、選挙区割りを行う時に州の多数派となっている政党が、自党に有利になるように区割りをする傾向が強いといわれます。しかし、その時に自党の現職者の選挙区をあまり変更させないとなると、他党の政治家が現職となっている選挙区も変わらないことになり、結果的に現職議員に有利な選挙区割りが続くことになります。

その他、連邦議会には、現職に有利な規則があります。現職議員には選挙区に政治状況を説明するという名目で交通費が支給されたり、通信費が支給されます。それらの費用は現職に挑戦しようとする人には当然ながら支給されないため、現職が有利となります。

また、メディアの問題、注目の非対称性という問題もあります。例えば連邦下院議員は全米で四三五人いて、全員が同時に改選されますが、全ての選挙区について現職と挑戦者の両方について同じように報道することは不可能です。現職政治家が行ったことを中心に報道される傾向があるため、現職議員の方が名前が売れ、選挙で有利になるといえます。

†アウトサイダー候補への期待

このような事情があるので、連邦議会議員は再選率が極めて高くなりますが、先ほど指摘したように、連邦議会に対する支持率は低く、国民は政治を変えてほしいと思っています。連邦議会の構成があまり変わらないとするならば、政治を変えてほしいと思う人々の期待は大統領に向かいます。そして、大統領候補の中でも、とりわけトランプのようなアウトサイダー候補に対する期待が高くなる可能性があります。

大統領の経歴に注目すれば、興味深い傾向がみてとれます。かつて大統領になっていた人たちの大半は、上院議員経験者でした。しかし、最近では上院議員経験者はむしろ少数派で、州知事出身者が多くなっています。二〇〇八年大統領選挙で勝利したオバマは上院議員経験者でしたが、彼は二〇〇六年に初当選した人であり、ヒラリー・クリントンやジョン・マケインなどの他の候補と違ってワシントンの政界に染まっていないことがその強みだと考えられていました。トランプに至っては政治経験すらありません。

いい換えるならば、現職政治家、あるいは現在の政治状況に対する不満を、有権者が大統領に託しているということになります。これが、アメリカで大統領に対するリーダーシップが求められている理由であり、国民の政治不信の高まりが大統領のリーダーシップに対する期待の背景にあるということです。

†リーダーシップとは？

では、リーダーシップとは一体どのようなものなのでしょうか。リーダーシップがある政治家とは一体どのような人なのでしょうか。

これについては様々な議論が提起されていますが、私は、リーダーシップなるものを定義するのは不可能であり、意味のないことではないかと思っています。そもそもリーダーシップは結果論にすぎず、成功した人がリーダーシップがあるといわれているのにすぎないのではないかという気がします。

理論的にみた場合のリーダーシップ論の問題点は、失敗を説明できないことにあります。失敗した人については、リーダーシップがなかったとしかいいようがないということです。リーダーシップがあると期待されて選ばれた人が失敗すると、実はあの人のリーダーシップも十分ではなかったといわれてしまうのです。

歴代大統領の中でも、時の経過に伴って評価が大きく変わった人がいます。有名なのがドワイト・アイゼンハワー大統領です。彼は現職の時には、犬の散歩ばかりしているとか、ゴルフに毎週行っているなどといわれ、人柄はよいけれども、大統領としてのリーダーシップはない人だといわれていました。しかし、アイゼンハワーが大統領を辞め、しばらく経った時にふりかえると、アイゼンハワー政権期には、目立たないものの国民生活に密接に関わる重要法案がたくさん通っていることが明らかになりました。実は、アイゼンハワーは、犬の散歩やゴルフを、対立政党の有力者やメディア関係者と一緒にしていました。そのような場で重要法案を通すためのカギを探り、諸々の調整をしていたことがわかったのです。現在では、アイゼンハワーは目立たないながらも実は大きなリーダーシップを発揮していた大統領だったといわれています。

このようなことを考えると、リーダーシップそれ自体について考えることには、あまり意味がない気がします。もちろん、大統領の個性やスタイルはある程度の類型化が可能であり、そのスタイルと政治状況の組み合わせに基づいて大統領の指導力を評価することは必要です。しかし、個人的属性に注目することがどこまで妥当なのかは、なかなか評価が難しい点です。南北戦争を乗り切ったリンカンがリーダーシップを持っているとして、彼は、果たして今日の難局を乗り切ることができるでしょうか？　リーダーシップのある政治家に期待するというのは、自分たちの望むことをやってほしいという国民の要望の表れであり、裏返せば現状に対する不満の強さを示しているのにすぎない気がします。

†政治状況とリーダーシップ

大統領のランキングで評価の高い大統領に共通する特徴を考えると、国家動乱期の大統領、例えば、南北戦争、第二次世界大戦、革命などの時期の大統領が多くなっています。国民が難関突破や現状変革を望み、大統領自身も変革の意思を示すと、その大統領はリーダーシップのある、評価の高い大統領と呼ばれるようになるのです。なお、変革の意思を示すことと、よい結果をもたらすことは別なので、評判のいい大統領が本当によい結果を生んだ大統領とも必ずしもいえません。

また、評判のよい大統領は、往々にして評判の悪い大統領の後任者であったりします。例えば、F・ローズヴェルトの前任者はハーバート・フーヴァーでした。これは、前の大統領と比べると毅然とした姿勢を示して国民の期待に応えようとしたことに対する評価なのかもしれません。このような評価は、自分たちが望むことを誰かにやってほしいという、現状に対する国民の不満の強さの表れだと考えるのが妥当だと思います。

しかし、これは今後のアメリカ大統領にとって、難しい問題を提起しています。第四章や第五章で説明するように、近年のアメリカでは、二大政党の分極化が進むとともに、有権者の次元でも左右への分極化が激しくなっています。実際にオバマ大統領、トランプ大統領をみてみると、オバマについては、民主党支持者からの支持率が常に八〇%を超えている一方で、共和党支持者からの支持は低くなっていました。片やトランプについては、民主党支持者からの支持率は一〇%を下回りますが、共和党支持者からは八割近い支持を得ています。このように政治社会が分極化する状況では、大統領がリーダーシップを発揮したと評価されること、つまり、国民全体の期待に応えることは非常に難しくなるといえます。

第三章

連邦制がもたらす影響

2008年の民主党全国党大会

1 建国の由来

†連邦制とは？

アメリカの連邦制の仕組みについては、日本でもしばしば話題になります。とりわけ、地方分権改革などが大きな争点になった時に、アメリカの連邦制をモデルにして考えてはどうかという議論が発生します。

しかし、その議論に意味があるのかは、一度冷静に考えるべきでしょう。連邦制というのは非常に特殊な政治制度なのです。後に記すように、分権と集権の問題、連邦制と単一主権制の問題は、かなり位相の違う対比です。

連邦制とは、複数のレベルに主権を分割した政治制度のことです。これは何を意味するのか、なぜそのような政治制度があるのかについては、アメリカの建国の由来を考えるとわかりやすくなります。

一般的には、アメリカ独立革命の結果として、「アメリカ」が独立したといわれます。

しかしこれは間違いです。いわゆるアメリカ独立革命の結果、独立したのは一三の植民地です。この一三の植民地が「邦」、英語では「state」として独立したのです。そしてその一三の邦が一緒になって作ったのがアメリカ合衆国だということです。英語の state とは、一般的には国家を意味します。つまり一三の植民地が一旦主権国家となり、それらが一緒に超国家的な組織として作ったものがアメリカ合衆国なのです。

昔の日本のジャーナリストには、合衆国の衆という字を民衆の「衆」ではなく、州政府の「州」という文字を使って「合州国」と表記する人がいました。これは、アメリカという国をどう理解するかとも関わっていて、興味深い問題を提起しています。例えば、United States of America という言葉が主語になった場合に、Be 動詞が is になるのか are になるのかというのは歴史的には難しい話で、建国当初は United States "are" と複数形で受けていました。その観点からすると合衆国の「衆」を州政府の「州」と書くのが適切なのかもしれません。しかし、南北戦争でアメリカが分断の危機を乗り越えて以降、英語でも United States に対しては単数形、Be 動詞は is で受けるのが一般的になっています。

アメリカ合衆国は一つの国家であるという認識に立つならば、州政府の「州」を使うよりも、民衆の「衆」を使った方がいいということになります。そして、これは主権の分割という問題とつながってきます。先ほどいったように、一三の邦それぞれが主権を持つ存在だったのですが、その主権の一部を連邦政府に移譲して新たな国家を作るという、いわゆる分割主権論と呼ばれるものが連邦制の大きな思想的な背景にあるためです。

†人民主権と連邦制

これは、主権というのは単一にして不可分でなければならないという西洋政治思想史の常識を覆した考え方でした。主権を分けると戦争状態になり好ましくないという、ジャン・ボダンやトマス・ホッブズ流の考えを覆したのです。

アメリカの建国者たちは主権の分割を正当化するために、この主権の元には人民主権という概念があるのだと提唱しました。要するに、州政府、邦が主権を持っているとはいえ、本来的に主権を持っているのは人民であり、その人民がまとまって一つの国を作るのだからそれで構わないのだと理論化したのです。それを踏まえると、合衆国の衆の字に民衆の衆を使うのは、非常に理に適ったことなのです。

アメリカの連邦制は主権を複数に分けたことから作られた制度であり、これに対比される考え方は単一主権制です。この単一主権制と連邦制という対比は、集権と分権という議論とはそもそも位相が違うものです。連邦制を採用していても集権的な政治を行うことは可能ですし、逆に、単一主権制の下でも分権的な政治を行うことは可能なのです。日本で行われる議論はこのあたりに混乱がみられますが、両者の違いは念頭に置いた方がよいでしょう。

なお、地方政府という表現を使う時にも注意が必要です。地方政府とは、主権を持っていない政府を意味します。つまり、日本の場合は都道府県、市区町村が全て地方政府になります。しかしアメリカの場合は、連邦政府だけではなく州政府も主権を持っているため、州政府は地方政府ではありません。アメリカで地方政府という場合には、州政府の下位政府、州の中にある都市や村などが地方政府ということになります。アメリカの地方政府は州政府によって作られた政府なので、州政府と地方政府は明確に上下関係に立ちます。しかし、連邦政府と地方政府の関係については複雑で、例えば連邦政府が地方政府に直接的な命令を下すのは可能かについては、議論があります。

†連邦政府の権限増大

アメリカが建国された当初、アメリカ政治の中心は、連邦政府ではなく州政府でした。

さらにいうと、連邦政府の中でも大統領よりも、連邦議会の方が中心であったのが一九世紀のアメリカでした。一九世紀のアメリカ大統領で有名なのはトマス・ジェファソン、アンドリュー・ジャクソン、エイブラハム・リンカンくらいでしょう。なぜ一九世紀のアメリカ大統領が有名ではないかというと、連邦政府が大きな権限をそもそも持っておらず、政治の中心が州政府であったからです。

しかし、徐々に連邦政府の権限は大きくなっていきます。一九世紀末から二〇世紀初頭の、革新主義時代と呼ばれる時期に、アメリカの連邦政府は規制国家として大きな役割を果たすようになります。一九世紀の末ぐらいになると、自動車が発達するようになりました。そうなると、州をまたいだ車での移動の際の交通法規が問題になります。車を右側通行にするか、左側通行にするかなどを、それぞれの州が独自に決めていたのでは危険です。そのような州の境を越えた問題についてのルールは連邦政府が作った方がよいということで、合衆国憲法に規定された州際通商条項を根拠として、連邦政府が大きな役割を果たすことが正統化されていったのです。

さらに連邦政府の権限を大きく強化したのがニューディールです。ニューディールによってアメリカが福祉国家化、行政国家化していきます。それを正統化する際に使われた合衆国憲法上の規定は、支出条項と呼ばれるものでした。それはさておき、連邦政府が様々な再分配政策、社会福祉政策を採用するようになり、その権限は大きくなっていきました。

しかし、ニューディールを経ても、アメリカの連邦政府は自分たちが作った政策を実施するのに必要な機構と人員を持っていなかったため、具体的な政策の実施は州以下の政府に委ねました。州政府が連邦の予算を使って連邦プログラムを運営する責任を負わされたのです。これは、州の意向をある程度尊重したという意味もありますが、その結果、連邦政府によって定められた同じプログラムでも、州によってその執行のあり方が変わってくるのです。このような状況は今日でも続いています。

　連邦政府が非常に強くなった今日でも、州政府の自律性は高く、連邦政府が州政府に対して決定を押し付けるのは必ずしも容易ではありません。連邦政府が新しいプログラムを作った場合でも、大半は州政府に「補助金を与えるのでこれを実施してください」とお願いするのが基本です。連邦政府が州政府に対して決定を押し付けようとする場合には、州政府は「これは連邦制、合衆国憲法の原則に違反している」として、連邦政府に対してしばしば訴訟を提起します。このように、日本の都道府県と比べてアメリカの州政府は非常に自律性が高いのが大きな特徴です。日本の場合は、地方自治法の規定によって都道府県や市区町村の行動は一律に決定されていますが、州政府の場合はそのような制約はかかりません。

日本では中央政府がやっていたことを地方政府にやってもらう場合、中央政府の権限を委譲することがしばしば議論になります。アメリカの場合はもともとほぼ全てのことを州政府がやる権限を持っていて、その一部が連邦政府に移譲されたという認識ですから、連邦政府が今やっていることを州以下の政府に委ねることはあるものの、それは日本でいうところの権限委譲とは性格が違います。

2 選挙・政党

†大統領選挙

アメリカの連邦制は、選挙のあり方、そして政党のあり方にも影響を及ぼしています。

まず、アメリカの行政部の中心である大統領について考えてみます。アメリカの大統領は、本来独立した諸州、独立したstateのまとめ役という位置づけが強いものでした。その考え方は今日の大統領選挙の仕組みにも表れています。

日本では、アメリカの大統領選挙を予備選挙と本選挙に分けて、一一月の第一月曜日の翌日の火曜日（つまり、一一月二日から八日の中で火曜日に当たる日）に行われる選挙のことを本選挙といっています。これは英語では一般選挙（general election）と呼ばれていて、本選挙というのとは若干ニュアンスが違います。実はアメリカで最終的に大統領を選んでいる選挙は、一二月に行われている、各州から選ばれた大統領選挙人が行う選挙です。そして、日本で本選挙といっている一一月の選挙は、各州で大統領選挙人を選ぶための選挙なのです。もっとも、大統領選挙人の選挙は、最終的な選挙の時に誰に投票するかを宣言している人を選ぶものであり、投票用紙も正副大統領候補の名前が記されているため、一一月の結果と一二月の結果が変わることは基本的にはありません。

にもかかわらず、大統領を決める選挙を一二月に大統領選挙人がやることになっており、実際にやっているのです。大統領選挙人方式と呼ばれる、このまどろっこしい制度が導入された一つの理由として、自動車も飛行機もない時代に大統領候補が全米を回るのは不可能だったので、各州から代表を選んで大統領を選ばせたという面があったと思います。しかし、この制度が今日でも残っているのは、州の主権の問題との関係があるからです。今日でも州政府が非常に重要であり、州のまとめ役である大統領を選ぶのは基本的には州であるという思想が背景にあるのは間違いありません。

なお、大統領選挙は独立した諸州のまとめ役を選ぶためのものという位置づけなので、プエルトリコやグアムのような非州地域の住民は投票権を持ちません（ただし、非州地域の中でもコロンビア特別区、つまり首都ワシントンDCの住民は投票権を与えられています）。この妥当性について議論が提起されることもあります。とはいえ、この問題を改正するためには憲法の改正が必要なので、非常に難しいといえるでしょう。

現在は全国民が直接投票しようと思えば可能であるにもかかわらず、また、投票権を持たない人が少なからず存在して民主政治の観点からするとおかしいとの議論もある中で、時代錯誤ともいえる大統領選挙人制度が存続しているのは、連邦制、連邦主義の考え方が強く残っていることの表れといえます。

†大統領選挙人

大統領選挙人の数は、合衆国憲法作成時の様々な妥協を経て決定されました。アメリカの大統領選挙人の数は、各州の連邦上院議員の数（一律二名）と、人口比例で各州に割り

図4　州ごとの大統領選挙人の数（2012年）

当てられる連邦下院議員の数の合計と定められています。非州地域の住民は原則投票権を持ちませんが、首都ワシントンＤＣは例外で、三人の大統領選挙人が与えられています（図４）。

この決め方は各州のバランスをどう取るかという問題への対応策だといえます。アメリカ建国時、人口の少ない州は「どの州も主権国家として平等であるため、連邦議会で同じだけの議席を与えよ」といい、人口の多い州は、「人口が多い州が多くの議席を持つのは当然だ」と主張しました。その妥協の産物として、議席数は上院は一律二名、下院は人口比例（ただし、人口が極めて少ない州でも一人は割り当てられます）

と決められました。この連邦議会上下両院の議席数、そして、それを踏まえた大統領選挙人の数の決め方にも、連邦制の難しさが顕著に表れています。第一章で、アメリカの連邦議会でも州境を越えると一票の格差が存在すると説明しましたが、それが問題にならないのは、連邦制との関連があるからなのです。

また、大統領選挙人の政党の内訳、例えば大統領選挙人の数が三〇として、そのうち何人を民主党、何人を共和党に割り当てるかは、基本的には各州政府が決めればよいことになっています。今日では、一票でも有権者の票が多かった政党に全ての大統領選挙人の数を割り当てる州がほとんどですが、それは憲法で決まっているわけではなく、州政府が決めているのです。この点も州政府の決定を尊重するという考え方、州政府の自律性の強さの表れです。

†全国党大会と選挙綱領

時期を遡って、大統領候補、副大統領候補を決める全国党大会に目を向けた場合でも、連邦制の問題、州政府の問題は重要な意味を持っています。

政党ごとに行われる全国党大会では、各政党の大統領候補、副大統領候補を決めますが、決めるために集まっている人たちは各州から選ばれた代議員が中心です。この全国党大会では同時に選挙綱領を作りますが、これは正副大統領候補が国民に対して発表する選挙公約という側面があります。そして、連邦制との関係でいうならば、選挙綱領には、各州の代議員、さらにはその背後にある各州の政党組織が団結可能になるための条件を相互に入れて作る、政党の内部文書としての側面もあるのです。

各州で大統領候補を選ぶ時には、予備選挙や党員集会で決めます。予備選挙や党員集会が始まった時には複数の候補がおり、それが徐々に脱落していって、最終的に一人の候補となるのが一般的です。その結果、最終的に残った候補とは違う候補を推すと決めていた州は、納得のいかない人を大統領候補として認めなければなりません。しかし、大統領候補をめぐって反発する州があると政党の団結に綻《ほころ》びが生じます。そのため、最終的に残った候補を党の候補として認めるための条件を各州が提示し、それを可能な限り選挙綱領に組み込むことによって、全ての州が納得できる候補にしていくのです。これが全国党大会で作られている選挙綱領の重要な要素です。大統領候補、副大統領候補が掲げる選挙綱領にも、やはり連邦制の要素が強く表れています。

なお、この全国党大会には、各州、そして非州地域から代議員が派遣されます（この段階では非州地域も代議員を派遣するのは興味深いところです）。この代議員の人数は一律に決まっているわけではなく、その選挙ごとに、連邦の政党本部が人数を決めています。一般的には人口、並びに最近の選挙でその州が政党の勝敗にどのような影響を及ぼしたのかを勘案して決められます。とはいえ、それぞれの州に割り当てられた代議員を誰にするかについては、各州の政党本部が自由に決めてよいことになっています。

また代議員を選ぶ方式として、予備選挙にするか党員集会にするか、各候補に対応する代議員の数を人口比例で割り当てるのか、勝者総取りにするのかについても、その州の政党組織が決めることになります。この意味で、アメリカの政党組織のあり方についても、連邦制のあり方、州政府の存在感が色濃く表れています。

†投票権

選挙に関しては、誰が投票権を持つのかも大きな問題です。大統領選挙に限らず、連邦議会議員選挙の投票権を定めるのも基本的には州政府です。連邦の選挙の投票権でも、州政府が決めることになっているのが面白いところです。もちろん、財産資格を設けてはいけない、人種や性別を根拠として投票権に差を設けてはいけない等は連邦の法律や憲法で決まっていますが、それ以外の要素について、どのような人に投票権を与え、どのような人に投票権を与えないとするかについては、州政府が決定しています。

第一章でも説明しましたが、元重罪犯の投票権をどうするかについては、州政府の決定権が非常に大きいです。実際に元重罪犯の投票権を剥奪すると決定している州もあれば、元重罪犯であっても投票権は持てるとしている州もあり、かなり違いがあります。そもそも、刑法なども基本的には州レベルで定められているため、どのような罪を犯した人を重罪犯とするかも州政府が決めています。例えば、ある州の法律では、モヘアが混ざった布地を盗んだ人は重罪犯と判断するという法律があり、モヘアが使われた服を盗んだ人は重罪犯の扱いをされ、投票権を剥奪されることになっています。この法律が果たして妥当なのかは議論が分かれるでしょうが、このような決定も州政府が担っているのです。

二〇〇〇年のアメリカ大統領選挙では、民主党候補のアル・ゴアと共和党候補のジョージ・W・ブッシュの二人が、フロリダ州の票はどちらが多いのかをめぐって三六日間法廷闘争を繰り広げました。フロリダ州は、元囚人の投票権剥奪という点において、最も厳しい州の一つです。アメリカの囚人は、人種的プロファイリングの問題などもあり、黒人の比率が高くなっています。そのため、フロリダ州で投票権を剥奪されていた人には黒人が多いのですが、一般に黒人は民主党を支持する傾向が強いです。投票権を剝奪されていた黒人たちに投票権があれば民主党に投票していた可能性が高く、投票権剝奪の問題がなければ二〇〇〇年の大統領選挙の結果は変わっていただろうといわれています。

このような形で、連邦の選挙政治に関わる基本的なルールに関しても州政府が大きな決定権を持っており、それが結果に大きく影響を及ぼしているのも、アメリカならではの特徴です。

3 連邦制と多様性

†足による投票

連邦制をよいと考えるのか、好ましくないと考えるのかについては、それぞれの州政府が独自に物事を決定することができることをどう評価するか、その結果として発生する多様性を好ましい特徴と捉えるのか、好ましくない特徴と捉えるのかで、評価が分かれます。

本章の冒頭で、連邦制と単一主権制という対比と、分権と州権という対比は位相が異なると説明しました。しかし、ここではその点にはあえてこだわらず、州や地方政府が大きな決定権を持つことをどう評価するかという問題について考えたいと思います。

もちろんこれについては、肯定的な評価、否定的な評価の両方あり得ます。肯定的な評価としては、「足による投票」と呼ばれる議論があります。これは、州によって政策に多様性があるならば、人々は自分にとって好ましい政策パッケージを採用しているところに引っ越すことができる、つまり州が多様な選択肢を提供することは人々の満足度を上げるという観点から好ましい制度であるという議論になります。例えば、税率は高いけれども福祉が充実しているところがよいという人がいるかもしれません。逆に、福祉はいらないので税金は低い方がよいという人がいるかもしれません。そういう多様な選択肢をそれぞれの州政府が提供できるのであれば、人々は自分にとって好ましい政策を採用しているところに引っ越すことができる、いい換えるならば、その政策に対して足によって投票することができるので好ましいという議論です。

†民主主義の実験場

別の肯定的な評価として、「民主主義の実験場」という議論があります。これは、どこかの州や地方政府で他に先駆けて実験的に新しい試みを行った場合、それが好ましい成果を伴うことがわかれば、他の地域はリスクを冒さずにその政策を導入することができるという考え方です。場合によっては、その素晴らしい政策を連邦政府が取り入れる可能性もあります。

この民主主義の実験場という考え方に示される現象はアメリカでは実際に発生していま す。ニューディール政策もその一つです。ニューディールとは、フランクリン・ローズヴェルト政権の時に連邦政府が行った社会福祉政策のことです。このニューディールは、ニューヨーク州で独自に行われていた社会福祉政策をモデルとして導入されたものでした。ローズヴェルトは大統領になる前はニューヨークの州知事をしていました。ローズヴェルトの前任者は、一九二八年の大統領選挙で民主党候補になったアル・スミスです。このスミス知事が、ワグナー法と呼ばれる労働立法をニューディールの際に実現することになるロバート・ワグナーらと協力しながらニューヨーク州で社会福祉立法を行いました。これら諸政策がニューディール政策の元になったのです。ニューヨークが独自に行った政策がよい結果を生んだということで、連邦でも導入されるに至ったのです。

このような事象は、州政府が独自に様々な政策を採用し、実施できるという条件が整っていなければ発生しません。地方自治法で都道府県・市区町村の権限が厳格に定められている日本でも、特区を作ることによって独自の試みを認めようという動きがありますが、この構想も基本的には同じ発想に基づいているといえるでしょう。民主主義の実験場という考え方は、州の独自性と多様性、そしてそれを可能にしている連邦制を肯定的に評価する見解だといえます。

†多様性の弊害

これに対して、連邦制、アメリカ国内の州ごとに多様性があることを否定的に評価する考え方もあります。それは例えば奴隷制、死刑制度、銃規制の問題を考えるとわかりやすいでしょう。

南北戦争以前の時代でも、奴隷制は人道に悖るという意見はアメリカ国内でも強いものでしたが、南部諸州は奴隷制を継続したいと考えていました。その時に彼らが主張していた最大の根拠が、この連邦制だったのです。州政治のあり方は州政府が決めればよい。それに連邦政府が口を出すのは好ましくない。このような州権論的な主張が奴隷制度を長く存続させる根拠にされていたことは否定できないところです。

死刑制度についても同じことがいえます。今日、ヨーロッパでは、死刑を廃止することがEU加盟の条件になっています。アメリカの場合は多くの州が死刑を廃止したり、あるいは実施を止めるモラトリアム制度を導入していますが、テキサス州に代表されるように、いくつかの州はその動きに強い反発を示しています。これを連邦制の好ましくない側面だと考える人もいるかと思います。

同様の問題は、銃規制についても指摘することができます。銃をどのように規制するかについて、都市部の人口の多い州では銃規制を厳格に行おうとし、そうでない州の銃規制は非常に緩やかなものになっています。銃規制が緩やかな州があると、そこで銃を入手した人が厳格な銃規制を行っている州に移動して事件を起こすことが可能になります。この州ごとに違う銃規制が、アメリカの銃犯罪がなくならない背景にあるという議論につながるのです。

4　州・地方政府の限界と底辺への競争

†州・地方政府の限界

先ほどまでの話は、各州政府が多様な政策を採用することをどのように考えるかという話でした。しかし、州政府が独自の政策をとろうとしても、そもそも大きな制約があるという議論もあります。連邦政府と比べるならば、州政府や地方政府には様々な限界があるからです。

一つには、州政府や地方政府は人口の移動を規制できないことがあります。連邦政府の場合は、外国から人が入ってくる際に入国管理、つまり入国の可否を決定することができます。しかし、州政府は他の州から自分たちにとって好ましくないと考える人が入って来ようとしても、それを規制することはできず、その人に対しても行政サービスを提供しなければいけません。例えば、他の地域からやってきた人が倒れた場合には、その人を救護する必要があります。他の州に住んでいる人が昼間にやってきて公共の場で水道を使ったとすると、その水代と水道を整備するための費用は州や地方政府が提供することになります。他の地域からやってきた人が罪を犯した場合には、その取り締まりをその地方政府の警察がやる必要があるのです。

また、連邦政府にできて州や地方政府はできないこととして、通貨の発行があります。連邦政府はお金が不足すると通貨を発行することで赤字を解消する措置をとることができますが、州政府や地方政府はそれができません。このように州政府や地方政府は人の移動を規制することができない、通貨を発行することができないというような限界を抱えています。

✝底辺への競争

このような限界がある中で、州政府や地方政府がとるべき合理的な行動は何かが重要な問題になってきます。

先ほど指摘した通り、州や地方政府は通貨を発行することができません。それと同時に、多くの場合、州憲法の規定や法律などによって、赤字財政を組むことができないことになっています。そのため、基本的には自分たちの地域の税収を確保するための政策をとらなければいけません。

では、自分たちの地域にどのような人や団体が来てほしいかというと、高額納税者、あるいは高い税金を払ってくれる民間企業などです。逆に、自分たちの地域に来てほしくない人は、税金は払わないが福祉サービスを要求するような貧困者です。

その結果として、高額納税者を招き寄せて貧困者を追い出すために、社会福祉政策の水準を引き下げていくことが、ある意味合理的な決定となります。これを一般的に福祉磁石論といいます。磁石が砂鉄を引き寄せるのと同じように、寛大な福祉政策は貧困者を引き寄せます。そのようなことをしては州や地方政府の財政が立ち行かなくなるため、社会福祉政策などの再分配政策は、徐々に切り下げていこうとなるわけです。その結果、州政府や地方政府が福祉の水準をどんどん切り下げていくという、底辺への競争と呼ばれる現象がみられるようになります。つまり、州政府が社会福祉政策を実施する主体になれば、アメリカ全体として福祉の水準がどんどん切り下げられていく可能性があります。このような事態を避けるためには、福祉政策は連邦で一律に決定するか、連邦政府が補助金を出す必要があるのです。

連邦制のよいところは、州政府がそれぞれの多様性を示せることですが、それには大きな限界があります。州政府と連邦政府の役割分担として、どのような政策を州政府が、どのような政策を連邦政府がそれぞれ中心となって実施すべきかを考えなければなりません。繰り返し指摘しているように、単一主権制と連邦制というのは、いわゆる集権と分権という対比とは位相の違う議論ですが、福祉磁石論、底辺への競争という考え方は、日本の分権改革にも示唆を与えるでしょう。

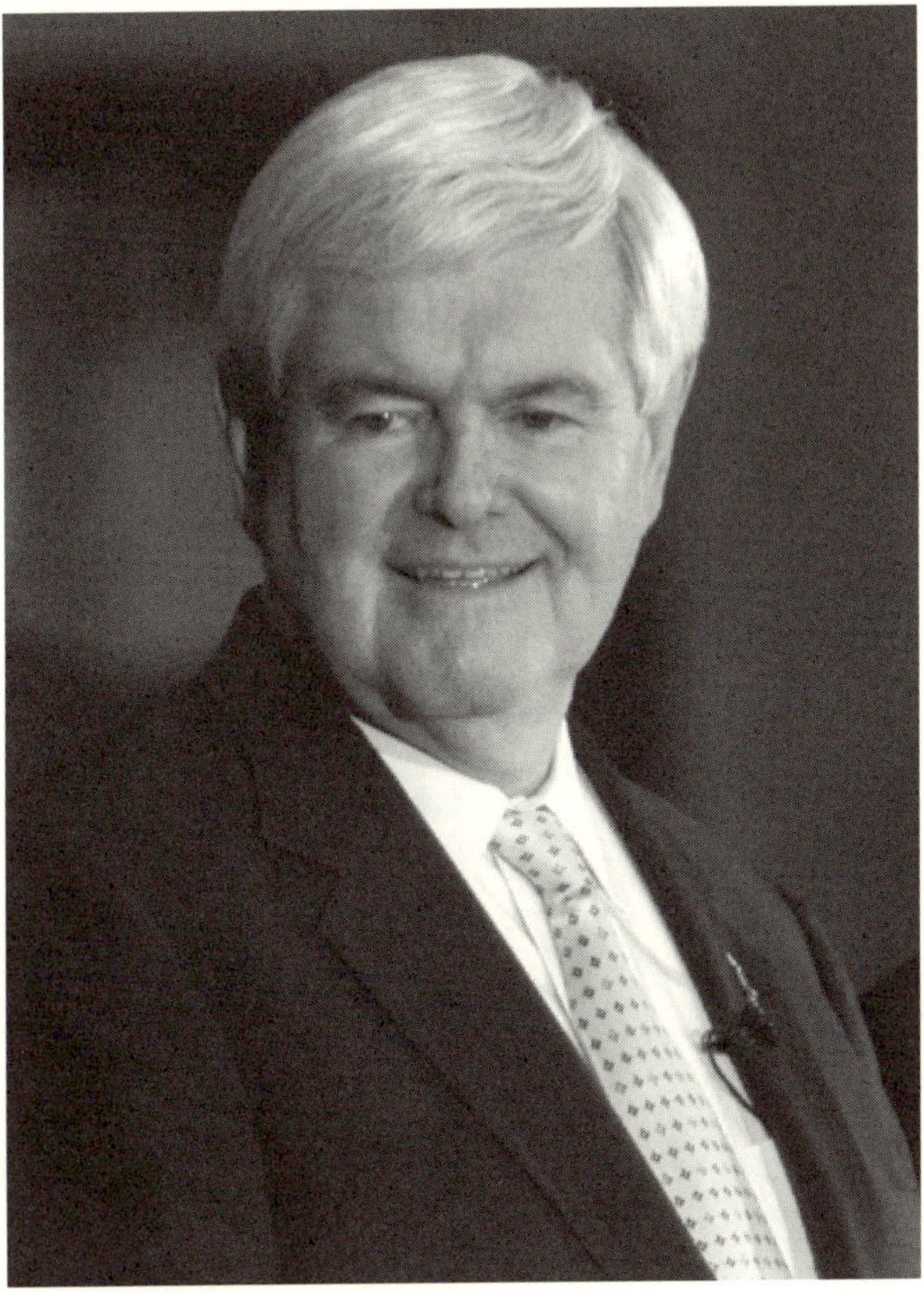

第四章
二大政党とイデオロギー

ニュート・ギングリッチ

1　現代アメリカの保守とリベラル

アメリカの二大政党について、民主党はリベラル、共和党は保守の立場に立つといわれています。しかし、保守やリベラルとはどういう意味かよくわからないというのが、多くの方の実感ではないでしょうか。実際、アメリカにおける保守とリベラルとは何かを説明するのは非常に難しいのです。この章では、保守とリベラルの意味を明確にすることはできません。むしろ、保守とリベラルの意味がわかりにくい理由を説明します。それを通して、アメリカの二大政党の現状を説明することにします。

†アメリカにおける保守とは?

今日のアメリカでは保守とリベラルの対立が激しいと指摘されています。アメリカ国民に自分の政治的イデオロギーがどうなっているかを問うたのが図5です。一番多いのが保守と自認している人たちでおよそ四割、リベラルと自認する人が二割強というのが現状です。

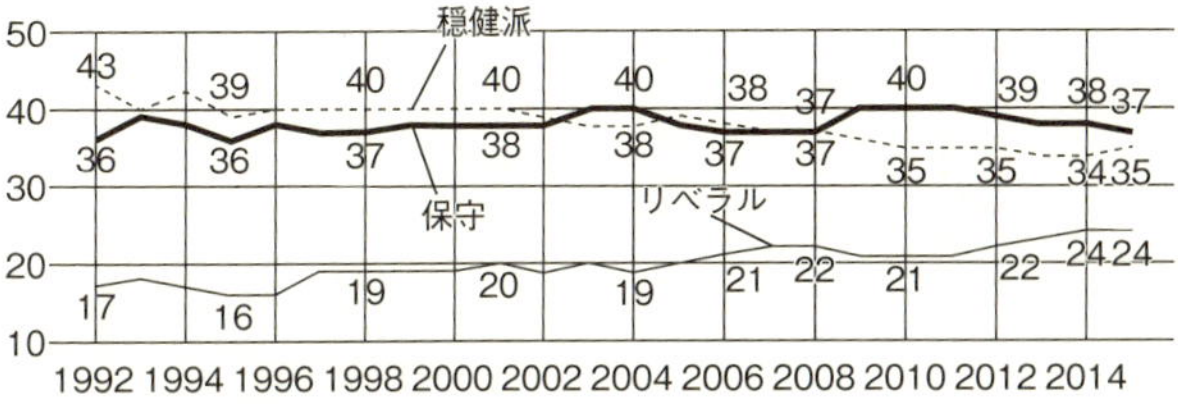

図5　アメリカ国民のイデオロギー分布
（出典）Gallup 社の調査に基づき作成

ただ、保守やリベラルとはどういう意味なのかは説明が難しいです。まずは保守について考えると、何かを守るのが保守の基本です。保守と反動とはおそらく意味が違います。例えば、先住民や黒人は劣っていると公言して人種差別制度の復活を望むような人は、保守というより反動と呼ばれるかと思います。

保守は、何かよいものが過去にあると想定し、その過去に立ち返ることを特徴とします。だとすると、アメリカの保守が立ち返るべき過去とは一体何でしょうか。

アメリカは、一七七五年に独立戦争を開始し、翌年に独立を宣言しています。そして、一七八八年に合衆国憲法を発効させています。保守が立ち返るとしたらそこになるでしょう。建国期にアメリカでは、自由や民主主義、平等などの、いわゆるアメリカ的信条と呼ばれる理念を作り上げ、それを独立宣言と憲法で宣言しました。アメリカの保守に立ち返るべきものがあるとするならば、独立宣言、合衆国憲法、アメリカ的信条になります。

しかし、独立宣言と合衆国憲法、アメリカ的信条を守る人のことを保守というのかといえば、そうではありません。独立宣言、合衆国憲法、アメリカ的信条は、保守のみならず、リベラルの立場に立つ人々も守ろうとする理念です。近年のアメリカで興味深いのは、ドナルド・トランプ支持者などの保守的な白人がアメリカ的信条に言及すると、価値の多様性に思いを致さない保守的・反動的態度だとリベラル派に糾弾されることがあるのに対し、バラク・オバマ元大統領のような黒人がアメリカ的信条に言及すれば、進歩的価値を表明していると評価されるという、言説の次元でのズレがみられるようになっていることです。

それはさておき、アメリカの場合、独立宣言と合衆国憲法、その時に表明されたアメリカ的信条はコンセンサスになっており、そのような価値観を基に保守を定義するのはおかしいといえます。いうなれば、アメリカで保守派を、特定の思想やイデオロギーに基づいて説明することには無理があるということです。

†アメリカにおけるリベラルとは？

では、アメリカにおけるリベラルとは何でしょうか。哲学的な意味はさておき、今日のアメリカの政治過程でリベラルと呼ばれている勢力の基礎は、ニューディール期に作られました。大恐慌から脱するために政府が積極的な役割を果たすべきという立場からニューディール政策を推し進めた人々が、自らをリベラルと称するようになり、その立場が今日でも引き継がれているのです。彼らは市場や自己責任を過度に重視する伝統的なアメリカ政治のあり方とは違い、進歩的な政策を採っていると考え、リベラルを自称しました。

ニューディール後、一九六〇、七〇年代になっても民主党が優勢な時代が続きました。第二次世界大戦後の繁栄を根拠として、その基礎を築いたと考えられた民主党に対する支持が維持されたからです。そして、民主党政権が推進した社会福祉政策、公民権運動に賛同した人々も、リベラル陣営に入っていきました。

アメリカのリベラルとは、ヨーロッパの社会民主主義に似た立場であると説明されることがあります。そのような理念的な側面があるのはたしかです。しかし、ある意味勝ち馬に乗るというか、優位に立つ民主党と提携関係に立とうとして様々な人が合流し、自称リベラルが増えていった面があることも否定できません。

リベラル派を構成するのは、経済的な不平等に焦点を当てて社会福祉を拡充しようとする人々、一九六〇年代以降に登場した、人種や民族、女性や同性愛者などのアイデンティティを実現し、承認を得ようとする立場の人や、環境保護などの新しい価値観を体現している人たちです。

それに対して、アメリカで保守を自称するのは、このようなリベラルを称する人々が示す立場に反発する人々です。もちろん、彼らも黒人や女性の権利を否定しようとしているのではありません。リベラル派の主張が時折行きすぎているのではないかと心配し、それに歯止めをかけようとするのが、保守の立場です。彼らは、リベラルの立場に立つ民主党に対抗する共和党の下に結集しています。保守とリベラルの対立は、それぞれ共和党、民主党という二大政党に重ねて議論される傾向があるのは、このような事情があるからです。

近年のアメリカの保守とリベラルの立場を理解する上では、このような歴史的背景に立ち返る必要があるのです。

2　政党

†地方政党の連合体

アメリカの政党にはどのような特徴があるのでしょうか。

アメリカの政党は、ヨーロッパの比例代表制が採用されている国の政党とは大きく性格を異にしています。ヨーロッパの比例代表制が採用されている国では、諸々のイデオロギーと政党の政策的立場が対応しているのに対して、アメリカの政党はイデオロギー的な一貫性は乏しいものの、プラグマティックに多くの票を獲得しようとするのが特徴です。

アメリカの政党は綱領政党ではなく、様々な意味での連合体としての特徴が強いといえます。具体的には、地方政党の連合体、そして利益集団、社会集団の連合体としての性格を持っています。

アメリカでは、建国期から民主的な選挙を実施してきました。様々な交通手段が発達するより前から選挙政治が行われていたため、選挙区を大きくするわけにはゆかず、小選挙区制で選挙を行うのは自然だったと考えられます。大統領選挙は全米規模で行われたことから、全国的に大統領選挙で争うのと同じ二大政党が大きな存在感を示したといえます。

今日の二大政党は南北戦争期から存続していますが、当時から、民主党、共和党ともに、選挙区ごとに政党組織が発達してきたため、その性格は地域ごとに異なっていました。そもそも、アメリカでは連邦議会選挙の際にも連邦の党本部は候補者の公認権を持たず、候補者は選挙区ごとに予備選挙や党員集会で決定されています。選挙区ごとの政党組織の自律性が強いのです。このような地方政党が、大統領選挙の時には一緒になって行動するようになります。このように、地方政党の連合体としての特徴が強く、地方ごとの自律性が高いことがアメリカの政党の大きな特徴です。

†利益集団の連合体

それに加えて、利益集団の連合体というのも、アメリカの政党の特徴です。比例代表制を採用している国では、例えば共産党や環境保護を重視する緑の党なども一定の議席を確保することが可能ですが、小選挙区制を採用するアメリカでは共産党や緑の党が議席を獲得するのは困難です。従って、自らの利益関心の実現を目指す人々は、政党ではなく利益集団を作って政治家や裁判所に働きかけようとする傾向が強くなります。アメリカの二大政党の相違は、どのような利益集団と提携関係に立っているかによって説明できるのです。

民主党は、ニューディール期に、労働組合、小農、黒人やエスニック集団たちが有力な支持基盤となりました。一九六〇年代に公民権の実現や、偉大な社会の実現が目指されるようになると、貧困者団体や、女性、同性愛者の権利の実現を目指す団体、環境保護団体が民主党連合に加わりました。

これに対して共和党は、ニューディール期には労働組合と対立するような企業経営者や富裕者の政党であるというイメージが強くなりました。大規模農園を持っている人たちも共和党支持者でした。そして、一九七〇年代以降に宗教右派といわれる人たち、例えば、学校で進化論を教えさせないようにするとか、人工妊娠中絶を絶対に認めない人たちが共和党連合に加わっていきました。

†政党規律の弱さ

つまり、民主党にはニューディールの時にローズヴェルト大統領とニューディールの支持者らが、そして六〇年代以降にアイデンティティ・ポリティクスの実現などを目指す人たちが加わり、共和党にはそれに反対する人が加わったのです。このような二大政党の成り立ちを考えれば、アメリカで政党規律が弱い理由がわかるのではないでしょうか。

例えば、民主党連合の中でも、マイノリティ集団と労働組合の利益関心は対立しています。労働組合員は自分たちの給料を上げてほしいと思っています。しかし、黒人は長らく安い賃金での労働を強いられてきました。移民、とりわけ不法移民も、正規の労働賃金よりも低い賃金で働くことがありました。このようなマイノリティの存在は、労働組合の利益関心と反する面があります。アメリカの労働組合は古い歴史を持っており、白人が中心に構成されているので、黒人や移民を労働組合に入れたくない人も多いです。民主党連合の中に利益関心が対立する人がいることがわかると思います。

同じことは共和党連合にもいえます。一般的な企業経営者や富裕層は、経済活動に政府が介入してくることを嫌う、いわゆる小さな政府の立場をとっています。他方、宗教右派は、公立学校で祈りの時間を制度化するとか、病院で人工妊娠中絶を行うことに規制をかけようとするなど、政府の介入を求めるところがあります。ある意味、宗教右派は政府の役割の増大を求めているのです。

このように、アメリカの政党が諸々の利益集団の連合体であることを考えれば、政党規律は当然弱くなります。

図6は、連邦議会で党主流派が示した政策方針に従って投票した人の割合を示したものです。一九七〇年代をみると、上下両院、二大政党ともに、党主流派の方針に従って投票する割合は六〇~七〇%くらいでした。いい換えるならば、三割以上が造反していたのです。今日では状況が変わっており、二〇一五年には党主流派の方針に従う人の割合は、下院は共和党が九割を超え、民主党も九割近くになっています。上院は民主党が九割を超え、

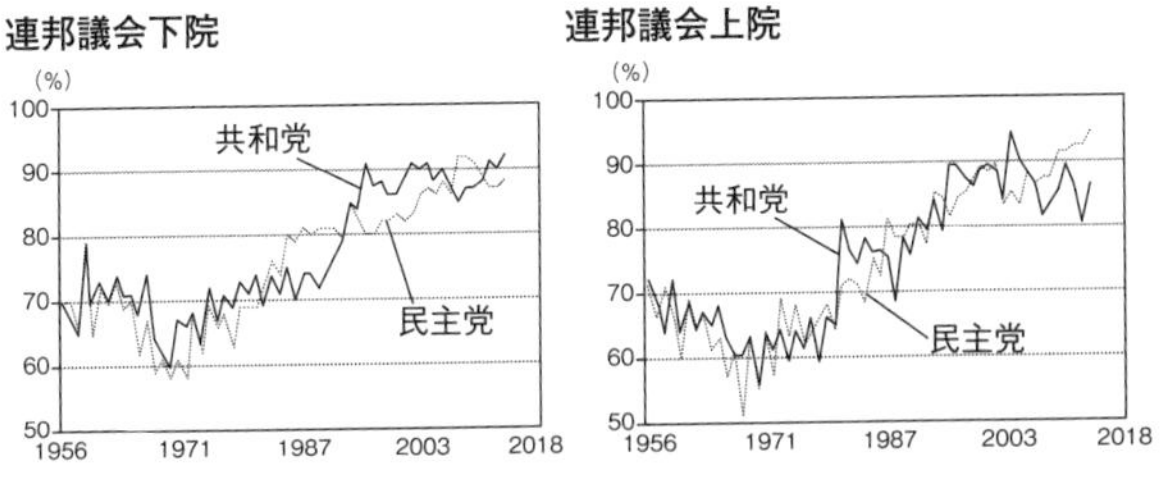

図6　政党規律の高まり
（出典）http://media.cq.com/votestudies/

共和党も九割くらいで、造反議員は一割程度に減っています。全般的傾向として、近年では政党規律が高まっていることがわかります。とはいえ、日本やヨーロッパと比べると、党主流派の決定に対して造反議員が一割いるというのは、特殊な状況です。

†地方政党の衰退とメディア

アメリカで政党規律が強くなってきた理由には、地方政党の衰退とマスメディアの発達があります。両者は密接に関連しています。

アメリカの選挙では頻繁にマスメディアが利用されるようになっていますが、メディアを使うとなれば、地方政党単位で選挙活動をするのは効率的ではありません。例えば、ニューヨーク市内には連邦下院議員の選挙区がたくさんあります。その中で、いずれかの候補が自らを売り出すためにテレビ広告を打とうとして大量の費用を投じたとしても、大半の人には無意味なメッセージになってしまうので、かなりの部分が無駄になります。このように考えると、選挙区単位で広告を作るよりも、より広域的に広告を作る方が効率的になります。このような考慮が、全国政党化が進む背景にあります。

当然全国レベルで民主党、共和党が統一的なメッセージを出すならば、各候補はそれに反する行動はとりにくくなり、結果として政党規律は高くなっていきます。また、仮に全国レベルでテレビ広告を打とうとすると、それに要する費用は莫大になります。政党に対する献金は、イデオロギー的志向の強い人の方が積極的に行う傾向があります。その結果、民主党がよりリベラル＝左派的、共和党が保守＝右派的になっていくため、アメリカ政治の分極化傾向が鮮明になっていくのです。

3　分極化と対立の激化

図7は、二大政党の政治家の政策的立場を示したものです。民主党が左派的、共和党が右派的という傾向は一貫していますが、一九七〇年代には、比較的穏健なところで立場を

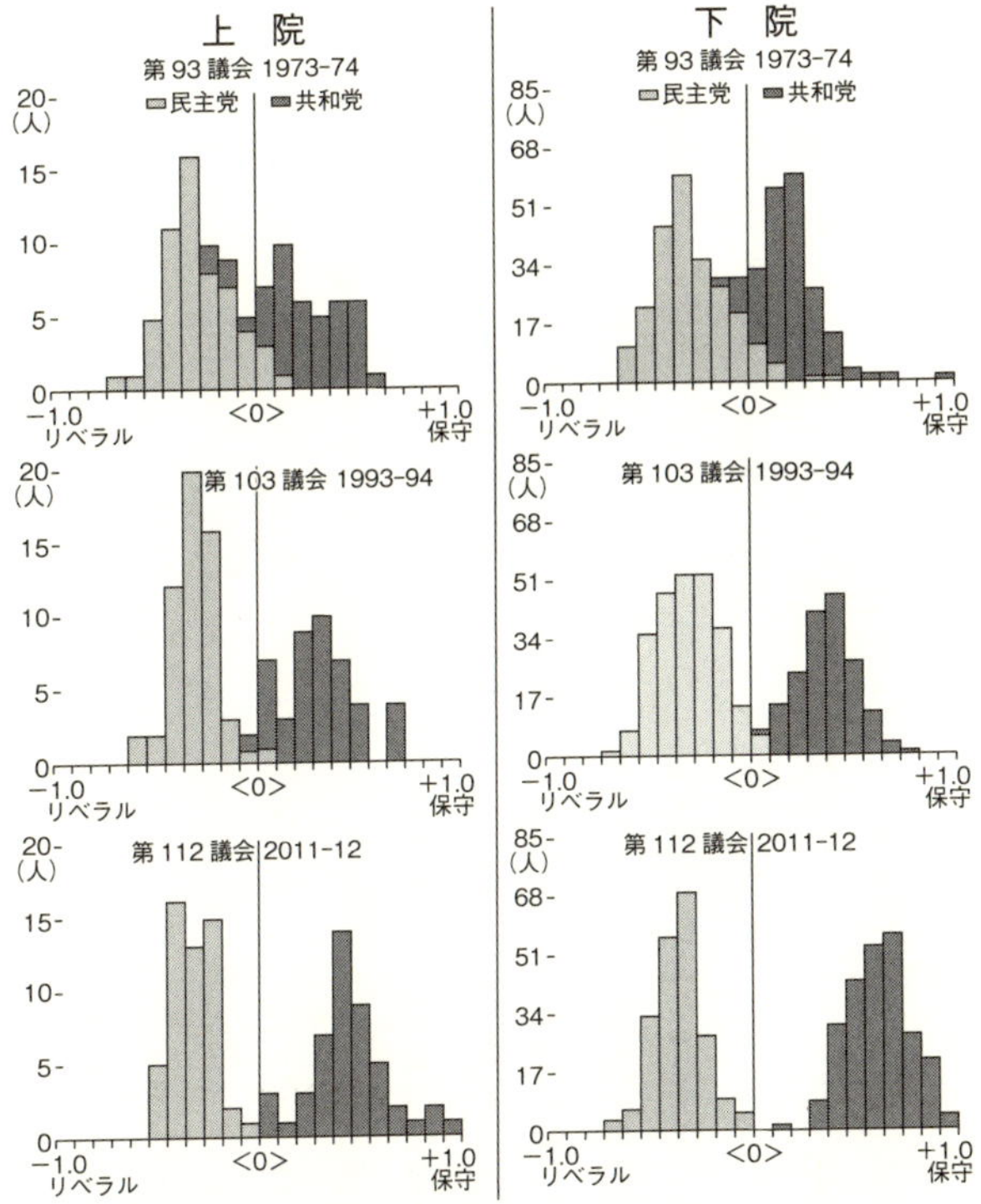

図 7　連邦議会議員のイデオロギー的分極化

（出典）Pew Research Center, 〈http://assets.pewresearch.org/wp-content/uploads/sites/12/2014/06/FT_14.06.13_congressionalPolarization.png〉.

一致させている政治家が二大政党に存在しました。しかし、二〇一〇年代に入ると穏健な政治家は減少し、民主党の政治家はイデオロギー的な中心より左、逆に共和党の政治家は右に位置するようになっています。

イデオロギー的分極化が進んだ理由としてしばしば指摘されるのが、予備選挙・党員集会の存在です。アメリカでは政党本部が候補者の公認権を持たず、候補は選挙区単位で行われる予備選挙か党員集会で決定されます。しかし、予備選挙や党員集会は平日に行われることが多いので、仕事を休んでまで参加する人は少なく、投票率は低くなります。それに行く人たちは、イデオロギー志向の強い活動家が多いため、民主党候補は左派的、共和党候補は右派的傾向の強い人々の意向を強く反映するようになるといわれています。

もっとも、この説明には弱いところがあります。一九七〇年代にも候補者は予備選挙や党員集会で選ばれていたので、近年の分極化傾向をこの要因だけで説明することはできないからです。やはり、近年ではメディア選挙が主流となった結果、選挙費用を提供するイデオロギー的志向の強い団体の影響力が増大したことが、七〇年代に比べてイデオロギー的分極化が進んでいった一つの大きな理由と考えられます。

†南部保守派の離反

それに加えて、南部の保守派が民主党から共和党に支持を変化させたことも重要な要因です。

ニューディール連合では、南部の人々が大きな存在感を示していました。近年でも南部の州が時折南北戦争の南軍の旗を掲げて問題になることがあるほど、南北戦争はアメリカに大きな傷を与えました。南北戦争の経験から、南部の人々は奴隷解放をしたエイブラハム・リンカンの共和党を忌避する伝統がありました。南北戦争から数十年経っても共和党に投票するのは絶対に嫌だという人が南部に存在し、そういう人は自らのイデオロギー的立場と関係なく民主党に投票していました。

南部の保守派の政治行動は大変興味深いものです。例えばニューディール期や一九五〇年代に、南部の民主党の政治家は、社会福祉の拡充に強く抵抗しました。彼らは共和党が嫌だから民主党に属するものの、経済的に困窮している黒人のためになぜ自分たちの金が使われなければならないのかという思いから、ニューディールに反対していたのです。アメリカの福祉国家の拡充を最も妨げたのは、実は南部の民主党勢力だという議論も有力です。

しかし、一九七〇年代以降、南部の保守派は民主党から離脱していきます。後で説明するように、一九六〇年代にバリー・ゴールドウォーターが種を蒔き、リチャード・ニクソンやロナルド・レーガンが積極的に働きかけることで、南部の保守的な人々は民主党から共和党に支持政党を変えていきました。これは、イデオロギーと政党の配列が整理されたという話でもありますが、この結果として二大政党の分極化傾向がより鮮明になったのです。

†対立の激化

近年のアメリカの政党政治は、分極化に加えて対立も激化しています。

二大政党間で政策上の調整がなされず対立が激化したことは、分極化とは別の話です。分極化が進んでも政党が妥協する可能性は残されていますが、近年では分極化と同時に二大政党の対立姿勢が明確になっていることがアメリカ政治を複雑にしています。

二大政党の対立が激化した背景に、両党の勢力が比較的均衡するようになったことがあります。逆にいうと、政党間の勢力が均衡していなかった時期は、二大政党間で協力や妥協を可能にする条件がある程度整っていました。特定の政党が圧倒的に強い状況にあると、政治的な妥協は比較的容易に行えるのです。

これは、いわゆる五五年体制下の日本でもみられた傾向です。五五年体制下の日本では自由民主党が一党優位を確立していましたが、他の政党は単独与党になる意思がありませんでした。一つの選挙区から三～五人当選者を出す、いわゆる中選挙区制の下で単独で与党を目指すには、政党は多くの選挙区で複数の候補を出す必要があります。しかし、一部の例外を除き、五五年体制期に一つの選挙区から複数の候補を擁立したのは自由民主党だけでした。他の政党は単独で政権を取る意思がなく、自由民主党が勝つことを前提に行動していました。そして、国会で議論がなされる前に与野党間で協議をし、法案成立に協力する代わりに、この法律も通してほしい、あるいは、法律にこの要素を含めてほしいという形で、国対政治を展開しました。特定の政党が圧倒的に強い状況では、どの政党も譲歩することが相対的に容易になるため、こうしたことが可能になるのです。ニューディール以降、アメリカでは連邦議会で民主党が優位に立つことが当然視された時期が続いたので、ある程度の協力が二大政党間で成立しえたのです。

しかし、一九九〇年代になると、連邦議会選挙でも二大政党の勢力が伯仲するようになります。すると、両政党が妥協や協力をしてしまうと有権者に対するアピールがしにくくなります。いうなれば、各政党は他党とは違うことを示すためには、対立状況を作った方が良くなるのです。近年のアメリカ政治では二大政党の分極化と対立激化という現象が、同時に発生しているのです。

†利益集団の連合体としての民主党

アメリカの二大政党は諸々の利益集団の連合体だといいました。その一方で、民主党はリベラル、共和党は保守の政党というイメージも持たれています。利益集団の連合体という側面と、イデオロギーの側面、実はこの二つの側面が、民主党と共和党の行動にそれぞれ独自の影響を与えています。

大まかにいってしまうと、ニューディール期から比較的最近までの間、民主党は利益集団の連合体としての性格がより強かったのに対して、共和党はイデオロギー志向が強かったのが大きな特徴です。共和党支持の団体は、比較的最近までは、保守主義の実現という点で大同団結していました。これに対して民主党連合は、例えば労働組合と移民集団の仲が悪いといったように、同床異夢の傾向がより鮮明でした。

まず、民主党連合については、内部に対立する要素を含んでいますが、それらは選挙での勝利を目指して協力関係に立ちました。ニューディール以降、とりわけ連邦議会選挙では民主党が優位に立っていたので、労働組合も移民団体も不満をある程度感じつつも、勝ち組連合に加わり続けるのが得策でした。とりわけ、一九七〇年代くらいまで、アメリカ経済は成長を続けていました。経済規模が拡大すると税収が増えていくので、利益分配を行うことが比較的容易になります。労働組合にせよ、移民団体にせよ、民主党という勝ち馬に乗ることで、多くの利益を分配してもらえる地位にあり続けようとしたのです。

民主党連合を構成する団体は、一部の知的エリートを例外として、リベラリズムとは何かというような理念的検討を避けてきました。利益集団間の相違を明確にする危険を秘めた問いを立てることを避け、利益分配と権利拡充を通して恩恵に与《あず》かろうという行動を採ってきたのです。

民主党の支持団体を構成する、環境保護団体やフェミニスト団体などには妥協しない活動家が多いというイメージを持つ人もいるかもしれません。これらの集団は、民主党が勝って利益分配をしてもらえるという前提に立って、他の集団のことをあまり考えずに利益関心を追求してきたところがあります。その結果、党を分裂させるような大きな喧嘩をしないものの、小競り合いは続き、民主党連合は利益集団の連合体としての性格を強く持ち続けたのです。

†イデオロギー志向の共和党

共和党を支持している団体の行動は、これとは違ってきます。ニューディール以降、長らく民主党優位の時代が続いたため、共和党の支持団体は、まずは保守勢力と共和党の劣勢挽回を目指す必要がありました。そこでまず目指されたのは、小異を捨てて保守の大同団結を図ることでした。

そこで重要な役割を果たしたのが、ウィリアム・バックリー・Jr.です。彼は一九五五年に『ナショナル・レビュー』というオピニオン誌を刊行し、いかに民主党とリベラル派が間違っているのか、そして、保守がいかに優れているのかを強調する記事を掲載しました。その際、保守勢力内部でのイデオロギー論争は徹底的に回避されました。同じくリベラル派や民主党を嫌っているとしても、KKKなどの人種差別主義的団体や極右集団を排除する方針を明確にしました。その結果、反動的ではない保守派の人々が大同団結する場を作り上げたのです。

保守勢力の結集に関しては、政策研究機関であるシンクタンクも大きな役割を果たしました。アメリカン・エンタープライズ研究所やヘリテージ財団などに代表される保守的なシンクタンクは、それ以前のシンクタンクとは異なる性格を持っていました。ブルッキングス研究所に代表される伝統的なシンクタンクは、しばしば「学生不在の大学」と呼ばれ、大学教員と同じような研究を行った上で重厚な政策提言を行うのがその特徴でした。

これに対し、保守派シンクタンクは、伝統的なシンクタンクが作るような本を出しても読む人が限られてしまうこともあり、政策提言を中心とする数頁のポリシー・ペーパーを出すことを重視しました。これらの団体は、研究や思索の結果を本にまとめるよりも、保守の立場から政策提言をするという点で、シンクタンクというよりもアドボカシー・タンクと呼ぶべきではないかという人もいます。また、ヘリテージ財団などには活動家が集まって行動戦略を練ったりしているので、アクション・タンクと呼ぶべきだという人もいます。その呼び方はともかく、これらのシンクタンクは伝統的なシンクタンクとは違う活動をすることで、保守派にアイディアを提供し、活動の機会を作ったのは間違いありません。

共和党連合が大同団結する上で、ＦＯＸニュースやトークラジオに代表される保守派メディアも大きな役割を果たしたと指摘されています。詳細は第五章で記しますが、保守派メディアは、報道番組ではなくオピニオン番組を中心として編成を行っています。報道番組の場合は中立性と客観報道が求められますが、オピニオン番組の場合は、出演者が自らの政治的見解を示すことが主眼なので、民主党批判を展開しても問題ないということになります。保守的なメディアは、庶民の日常的感覚に基づいて民主党政権の批判を繰り返し、視聴者の共感を得ていきました。

これらの結果として、民主党連合という勝ち馬に乗らなかった人々が、保守というシンボルの下に集結しました。保守という言葉の意味は不明確なままながらも、実利ではなく保守という理念を掲げて団結したため、共和党の方がイデオロギー志向が強くなりました。

利益集団の連合体としての民主党、イデオロギー志向の共和党という性格の違いは、今日でもある程度残っています。例えば、二〇一六年大統領選挙の際、民主党はヒラリー・クリントンが大統領候補に確定した後も、バーニー・サンダースの支持者がクリントン批判を続けて、投票に行かない人もいたことは民主党の性格を表しています。それに対して、共和党については、ドナルド・トランプという特異な候補に不満を感じた人であっても、最終的にはトランプに投票した人が多かったのです。選挙の時に、民主党はバラバラ、共和党は意外にまとまっているのは、このような歴史的経緯を考えれば理解可能かもしれません。

†南部の共和党化

一九七〇年代以降、南部は徐々に強固な共和党の支持母体になっていきます。

この転換は画期的事件でした。南北戦争以降、南部を代表するのはリンカンの共和党ではなく民主党でした。その後、人種差別が根強く残った南部は、黒人を支持基盤の一つとする民主党主流派とは政策的に合わなかったのですが、ニューディールを経ても南部は民主党支持の傾向が鮮明でした。その南部を共和党が奪い、今では南部は共和党の強固な地盤になっているのです。

そのきっかけを作ったのは、ゴールドウォーターでした。彼は一九六四年の大統領選挙で圧倒的人気を誇る民主党のリンドン・ジョンソンに対抗して共和党の候補になりましたが、ジョンソンが圧勝するのは明らかでした。ゴールドウォーターは、負け戦を覚悟で民主党との違いを出すために、福祉を拡充したジョンソン政権に対抗すべく小さな政府の立場を主張し、公民権法への反対を鮮明にしました。南北戦争からほぼ一〇〇年が経つ頃、南部諸州でも共和党のゴールドウォーターへの賛同が示されるようになりました。

ゴールドウォーターが蒔いた種を育てたのがニクソンとレーガンです。一九六八年大統領選挙で共和党候補となったニクソンは、いわゆる南部戦略を採りました。南部の保守的な白人の支持を共和党に向かわせるためには、南部の白人の人種に対する意識、並びに、税や社会福祉に対する反発を動員することで南部を共和党の支持基盤にしようと試みたのです。白人に、自分たちが働いて納めた税金が、働かずに福祉に依存して生活している人々のために使われるのはおかしいと訴えかけたのです。当時、福祉受給者の多くは黒人であるという誤解が広がっていたため、このニクソンの戦略は南部を共和党化する上で大きな意味を持ちました。

それをうまくまとめたのがレーガンでした。彼はB級映画のスターで政治家にしては演技が上手かったので、カリスマ的な行動をとることができました。レーガンの下で、小さな政府を主張する経済的保守、キリスト教倫理を重視する社会的保守、ソ連に強硬な立場をとるタカ派の軍事的保守が結集しました。その結果、伝統的に民主党の支持基盤だった南部が共和党の支持基盤に変わったのです。

†保守革命の完了?

近年のアメリカでは二大政党内部の対立が徐々に顕在化しています。二大政党ともに、もともと呉越同舟的性格を持っていたのは先に指摘した通りです。そのうち、民主党は以前から内部対立を表に出す傾向が鮮明でしたが、小異を捨てて大同団結していた共和党でも、近年では内部対立が表面化しているのです。

変化をもたらした理由は、民主党優位の時代が終わり、共和党が権力を持ったことにあります。ニューディール以降、民主党が優位に立っていて、仮に大統領選挙で共和党が勝っても連邦議会の多数は民主党が占める状態が長く続いていました。その状況を大きく変えたのが、一九九四年のギングリッチ革命です。一九九四年の中間選挙に際し、共和党院内総務を務めていたニュート・ギングリッチが中心になり、「アメリカとの契約」という公約集を出しました。従来、アメリカでは連邦議会選挙の時に二大政党が公約集を出すことはありませんでしたが、ギングリッチは小さな政府の実現を中心に据えた公約集を出し、中間選挙で共和党が圧勝しました。それ以降、連邦議会、とりわけ下院では共和党が勝ち続ける状態となりました。

大統領については二〇〇〇年まで民主党のビル・クリントンが務めましたが、二〇〇〇年、二〇〇四年の大統領選挙では共和党のジョージ・W・ブッシュが勝利し、多くの人を驚かせました。とりわけ二〇〇四年の大統領選挙の際には、社会的保守の人々が教会の礼拝日に保守的な有権者をチャーターしたバスに乗せて期日前投票をさせるなどして、共和党は想定されていたよりも多くの票をとりました。この状況を受けて保守の論客の中には、保守革命が完了したとか、共和党の恒久的多数派体制が成立したという人もいました。

†権力を持った保守・共和党の苦悩

このような変化を受けて、共和党が連邦議会上下両院と大統領職を支配するようになると、民主党と同じような問題で苦悩するようになりました。つまり、具体的な政策をどうするかをめぐって対立が顕在化したのです。政策を実施する立場にあると、何をやり、何をしないかの判断をしなければなりません。ニューディール以後に民主党の支持基盤が揉めていたのはまさにそのためであり、逆に保守が大同団結できたのは、民主党の方針に反対していればよかったためなのです。しかし、権力を持つ側に回ると、どのような政策を実現するべきかをめぐり争いが顕在化したのです。

先ほど、レーガンの下で、経済的保守、社会的保守、軍事的保守が大同団結したと指摘しました。しかし、小さな政府を目指す経済的保守は、軍拡の必要性を説く可能性もある軍事的保守とは相容れない面を持ちます。社会的保守派が規制を強化しようとすると、政府の役割低下を目指す経済的保守は反発します。逆に、経済的保守が諸々の予算を削減するようになると、他の保守派が反発し、対立が顕在化していくのです。

なお、保守派と共和党の利益関心は、一致するとは限りません。保守連合を支えていた人が望んでいたのは自らが信じる保守主義の勝利であり、共和党の勝利とはズレがありました。例えば、W・ブッシュ大統領は社会的保守派を支持基盤にしていたので、思いやりのある保守主義と称し、場合によれば福祉拡充を容認する立場をとりました。また、二〇〇八年の大統領選で共和党の候補となった穏健派のジョン・マケインは、福祉予算を大幅に削減するのは妥当でないとの立場をとりました。しかし、小さな政府の立場をとる経済的保守派は、W・ブッシュやマケインを「名前だけの共和党員（RINO）」と呼んで批判しました。こうした人たちが、後にティーパーティ派となっていったのです。このように、ニューディールの時代に長らく民主党、リベラル派に対する反発を中心的な課題として団結していた保守も、権力の座に着くと内部対立が顕在化するようになったのです。

もう一方の民主党は、優位を失った今日でも、相変わらず内部対立を続けています。近年では、ビル・クリントンやヒラリー・クリントンに代表される中道的なスタンスのニュー・デモクラットと呼ばれる人たちと、サンダースやエリザベス・ウォーレンのような左派的傾向の強い人たち（民主党リベラル派と呼ばれています）の対立が顕在化しています。ニュー・デモクラットは増税や福祉拡充に対する反発の強さを認識した上で、あまりに左派的な立場をとるのは国民の意向に合わないと考えています。リベラル派と呼ばれる左派は、このような立場を明確に否定しています。なお、本章の冒頭で、アメリカではリベラルを自称する人は比較的少ないことを指摘しましたが、それはリベラルというのが今日では左派、あるいは左翼というイメージを持たれるようになっているからでもあります。

本章で説明したように、近年のアメリカでは、二大政党の分極化と対立の激化があるのに加えて、二大政党内部でも揉めているという、非常に複雑な状況を呈しています。この状況が落ち着く気配は見えないので、今後もアメリカ政治の混乱状況は続く可能性が高いでしょう。

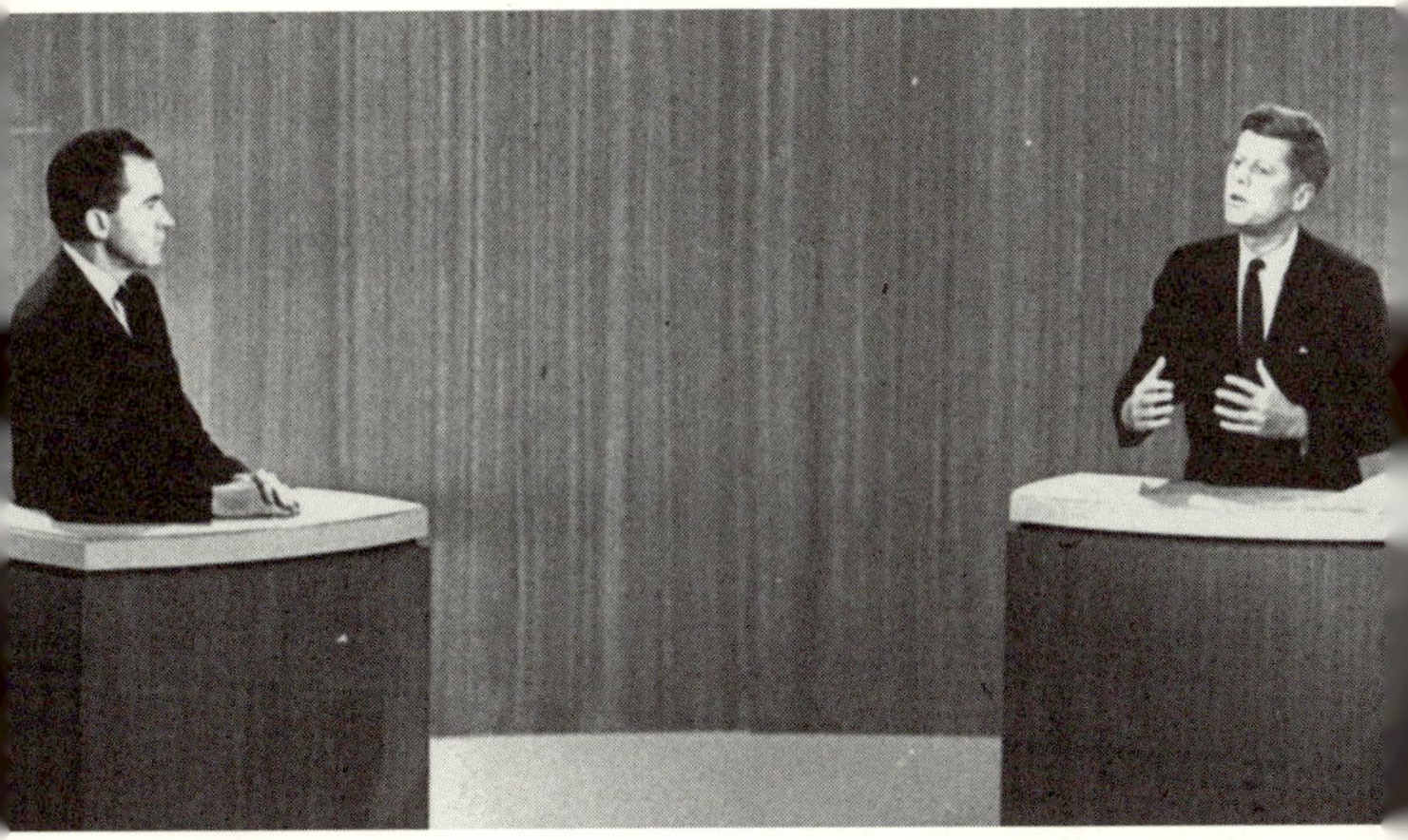

第五章
世論とメディア

1960年大統領選挙でのニクソン(左)とケネディによるテレビ討論会

1　世論による支配

†世論の曖昧さと危うさ

世論を一体どのように政治に反映させるべきなのかは、かなり難しい話です。政治に民意を反映させろ、世論は民主政治の基礎なので政治家は世論の意向を反映するべきだ、という議論はしばしばなされています。アメリカでもそのような主張は当然頻繁になされます。民主主義の中核的価値は国民の意向を政治に反映させることにあるという考え方からすると、このような主張は正しいように思えます。しかし、本当に民意や世論に基づいて政治を行うのが妥当なのかという課題は、常に政治家や一般国民が問い続けている問題だと思います。

この問いが続けられている原因は、民意がしばしば急激に揺れ動いてしまい、一貫性がない面があることにあります。二〇〇一年に九・一一テロ事件が発生し、その後にアフガニスタン戦争、イラク戦争が行われました。テロ以前は支持率が五〇％程度を前後していたジョージ・W・ブッシュ大統領の支持率は、事件直後九〇%台に跳ね上がりました。ブッシュがテロ後に行った演説は素晴らしかったと評価されています。しかし、それ以外に特に何かをしたわけではないにもかかわらず、ブッシュ政権の支持率が高くなりました。そしてブッシュは、その高くなった支持率を背景に、民意に基づいてアフガニスタン戦争、さらにはイラク戦争を行うと宣言しました。

これはかなり怪しい話です。ブッシュは民意の求めに基づいてアフガニスタン戦争を行うといいましたが、そもそもアフガニスタンがどこにあるかを知っているアメリカ人はあまりいませんでした。アフガニスタンにタリバンという勢力があったこともほとんどの人が知らず、ましてや、そこにオサマ・ビンラディンという人が匿われていたことも知らなかったのです。このようなことを考えると、アフガニスタン戦争をやることを世論が要求したというのは考えられない話です。しかし、ブッシュは民意に基づいて決定したと宣言し、当時は世論もメディアもほとんど疑問を提起しなかったのです。

また、世論も客観的な事実の上に立って態度を表明しているわけではありません。アフガニスタン戦争が始まった後、ビンラディンは悪い人物だと世論は判断したのですが、実際は彼についてほとんど何も知らなかったのです。ビンラディンについて政治家やメディアが伝えたのを信じたにもかかわらず、自分たちがビンラディンについて評価を下し、その判断に基づいてブッシュ政権が決断したと考えて、ブッシュ政権の行動を支持したのです。このように、世論はかなり曖昧な基盤の上に立っていることがわかります。

世論の曖昧さと危うさが全面的に表れるのは、戦争などの国家的危機の時です。このような時には、世論の結集効果といわれる現象がみられます。例えば、戦争が行われることになると、大統領の支持率が急上昇します。また、戦争ではない時でも、経済状況が急激に悪化すると、ポピュリストと呼ばれるような人々が出てきて、その過激な主張や行動が支持を集めることがあります。

なお、ポピュリズムには、ある意味社会運動的な側面があり、二〇一六年大統領選挙の際のトランプ現象、サンダース現象にも社会運動の次元が存在したことは間違いありません。しかし、社会運動が本当に社会から自発的に発生した運動なのかは、怪しい部分があります。例えば、二〇一〇年頃に注目を集めたティーパーティ運動は草の根の運動だとしばしばいわれます。しかし、実際には草の根ではなく人工芝なのではないか、草の根だというイメージを作るように誰かが誘導したのではないかという議論も存在します。これはどちらともいいがたいというのが正確なところかもしれません。

†リップマンの懸念

民主政治において世論を重視することはいうまでもなく重要ですが、世論の見解に基づいて政治を行うことが果たして妥当なのかについては、議論が分かれるところかと思います。『幻の公衆』や『世論』という本を書いたジャーナリストのウォルター・リップマンは、民主政治を世論の支配とみなすのは誤った理想であり、多くの人間の判断や認識は、偏見、ステレオタイプに基づいて作られていると主張しました。彼によれば、人間はみてから決定するのでなく、決定してからみる、つまり、自分の偏見や思い込みに合致する事実だけをみるということです。

そのような懸念は昔から表明されていました。しかし、リップマンという著名で一流のジャーナリストが、新聞や雑誌は客観的な事実でなく人々の偏見に合致するように作られたものだと断言したのは衝撃でした。そのようにして作られた新聞や雑誌の記事に基づいて形成された世論が、偏見に満ちていて、理性的でないといわれても、仕方ない部分があるように思います。

これらを考えると、政治において世論をどのように位置づけるべきかは、かなり難しい問題です。

†世論による支配

諸々の政策の決定を世論調査の結果に基づいて行うのは、おそらく妥当ではありません。世論は基本的には総論賛成、各論反対という傾向を示しますし、矛盾した結果を示すことも多いです。増税すべきか否か、税金を払うことに賛成か反対かと問うと、多くの人が、増税に反対し、税金を払いたくないと答えます。しかし、個別具体的な政策、例えば、児童支援を拡充するべきかと問うと、賛成する人が多くなります。これらの結果は当然ながら両立しないことが多いです。このような矛盾が世論調査の結果に含まれてしまうことがあるからこそ、政治家による議論が重要な意味を持つのです。世論調査の結果のみに基づいて政治を行うことは、好ましくないことです。

とはいえ、世論は民意を示しているものでもあるので、政治家は世論に対してある程度の配慮をしなくてはなりません。これも紛れもない事実です。ただし、今日のアメリカ政治において、世論に基づいて政治を行うといった場合、どのようにすればよいのかは、か

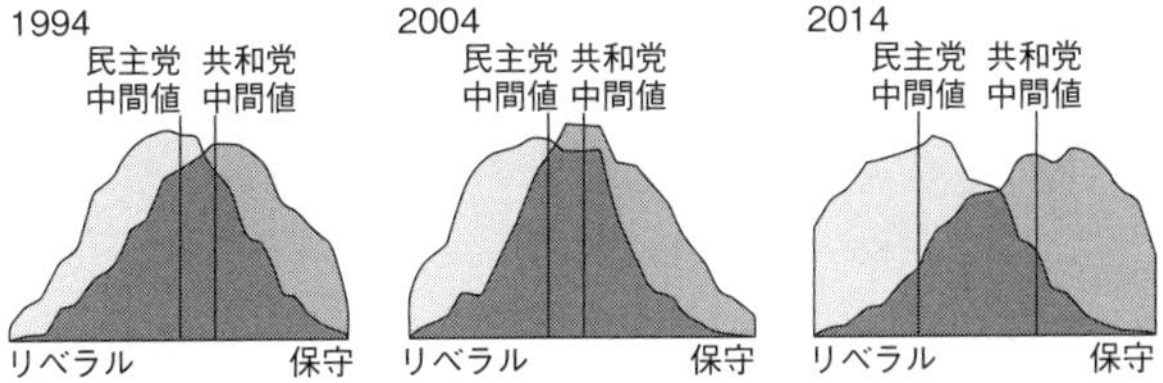

図8　二大政党支持者のイデオロギー的分極化
（出典）Pew Research Center, 〈http://www.people-press.org/2014/06/12/section-1-growing-ideological-consistency/pp-2014-06-12-polarization-1-01/〉.

なり難しい話です。

最近のアメリカにおいては、政党政治家だけでなく、社会の側でも分極化の傾向が鮮明になっています。民主党支持の地域、とりわけ大都市圏の人たちは、リベラル＝左派的な傾向を示していきます。逆に、農村地帯の人たちは、保守的＝右派的な立場を示すようになっています。その一方で、穏健な立場を示す有権者の数は少なくなっています。図8をみればわかるように、近年、世論の分極化傾向が顕著になっているのです。

世論の分極化傾向は、大統領の支持率にも顕著に表れています。図9をみると、バラク・オバマ大統領の支持率は民主党支持層の中では八〇％を超えていました。逆に共和党支持者の間では、オバマ大統領への支持率は当初は四〇％近くありましたが、それ以降は徐々に低下し、一〇％台となりました。また、図10をみると共和党のドナルド・トランプ大統領については、民主党支持層の支持率はせいぜい一〇％強しかないのですが、

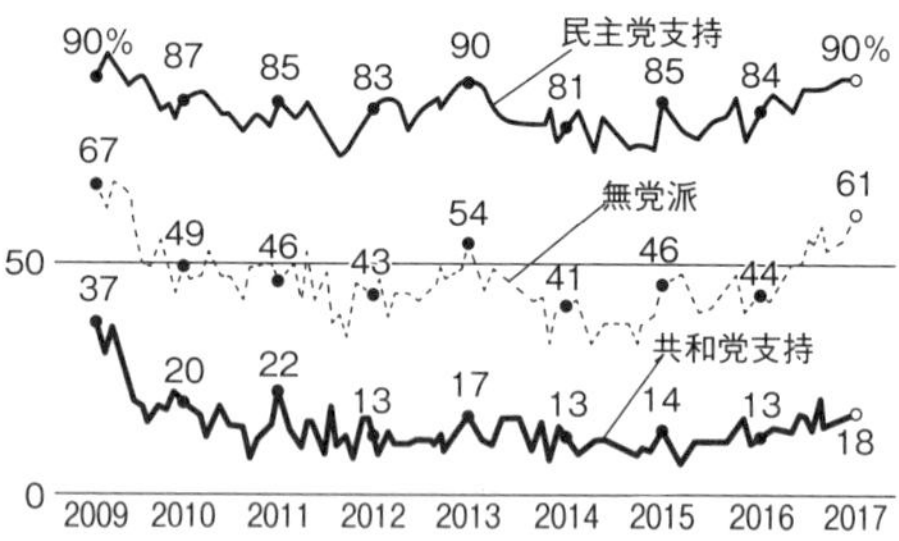

図9　政党支持層別にみたオバマ大統領の支持率
Source: Post-ABC polls, WASHINGTON POST

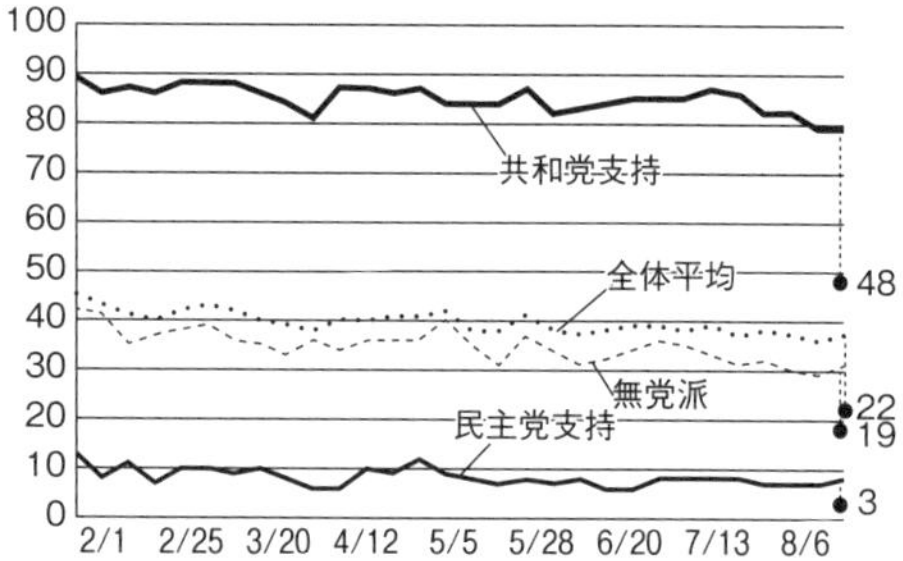

図10　政党支持層別にみたトランプ大統領の支持率
Source: GALLUP

共和党支持者では八割を超えています。オバマ大統領は民主党支持者からすると素晴らしい大統領ですが、共和党支持者からすると最悪の大統領です。逆に、トランプは共和党支持者からすると、最高とまではいわないにしても、それなりによい大統領とされています。

しかし、民主党支持者からすればけしからぬ大統領なのです。

このように、世論が一枚岩でなく、支持政党別に分かれて固定化する状況が現れている中で、世論調査の結果を政治にどのように反映するべきなのかは、かなり難しい問題になっています。もちろん世論調査には色々な問題があり、質問票の形式や、言葉遣いを変えるだけで、大きく異なった結果が表れることがあります。また、世論調査の結果は支持の強さを示すわけでは必ずしもないので、数字上多くの人が支持している政策であっても、国民の熱意が本当にあるのかはわからないことも問題です。政治家は世論を重視しなければいけないという認識は持っていますが、それをどのように重視するのかは、政治家によって異なるということなのでしょう。

†世論と政治制度

また、実際の政治制度は、世論をそのまま反映するべきだという立場から作られているのではないことも、重要です。

アメリカの国民全体の世論を体現しうる存在があるとするならば、大統領でしょう。アメリカの建国者は、大統領が君主、あるいはデマゴーグになる事態を避けなければならないと考えていました。だからこそ、各州の代表から成る上院を作り、州をさらに細かく分けて選挙区ごとに代表を選び出す下院を作り、大統領と連邦議会上下両院、さらには裁判所を抑制と均衡の関係に立たせるという複雑な制度設計をあえてしたのです。これは、アメリカの政治制度が世論をそのまま反映するべきだという立場から作られているのではないことを示しています。

さらにいうと、個々の政治家にとっては、世論一般が重要な訳では必ずしもありません。連邦議会の下院議員が再選を目指す上で重要なのは、アメリカ全体の世論ではなく、個々の選挙区の有権者の態度です。例えばアメリカ全体で世論調査を実施すると八割以上の人が穏健な銃規制に賛成していますが、農村地帯の人たちは、銃規制に反対する場合が多いです。そのような選挙区から選ばれた議員にとっては、銃規制に反対することが自分の再選にとって有効になります。そして、そのような行動をとることが、合衆国憲法を作った人たちの意図を反映しているともいえます。連邦議会議員が、国民全体の代表であるべきなのか、それとも個別の選挙区の代理人であるべきなのかは、議論が分かれるところでしょう。

このように、民主政治において世論をどのように位置づけるべきかは、大変難しい問題です。政治を評価する際に念頭に置いておかねばならない点です。

2　メディア

†メディアの発展

政治社会と統治機構を媒介する存在として重要な意味を持っているのがメディアです。メディアが情報の流通などの点で大きな役割を果たしているのはいうまでもないことです。

昔はメディアの中心は新聞でしたが、それ以降ラジオ、テレビ、インターネットという形でメディアの領域が拡大していき、中心的なメディアも時代によって変わってきました。一九世紀末から二〇世紀初頭はイエロージャーナリズムの時代とも呼ばれ、扇情的な大衆新聞が重要な意味を持っていました。各政党が自分たちの立場を強調するための新聞を作るのも一般的でした。二〇世紀初頭には、文筆によって社会改革を目指そうとするマックレーカーズと呼ばれる人々も活発に活動しました。

二〇世紀の前半はラジオが発達しました。フランクリン・ローズヴェルト大統領が大恐慌を克服すべくニューディール政策を実施している際に、ラジオを使って炉辺談話と呼ばれる国民に対する直接的な働きかけをしたことが知られています。

二〇世紀後半に重要な意味を持ったのはテレビでした。テレビの影響力が象徴的な形で現れた例が一九六〇年の大統領選挙です。ジョン・F・ケネディが民主党の、リチャード・ニクソンが共和党の候補でした。大統領選挙前の討論会をラジオで聞いた人はニクソンが優勢だと感じ、逆にテレビでみた人はケネディが優勢だと感じたといわれています。音声だけで判断した人はニクソンの方が聡明で信頼に足ると考えたのですが、テレビでみていた人たちには、ケネディが堂々としているのに対し、ニクソンは挙動不審にみえたといわれます。ケネディは格好いいという評判がありましたが、メイクをしてくるなど、テレビを意識して対策を練ってきたのです。

今日ではそれに加えてインターネットが重要な役割を果たすようになってきています。このようにメディアが発達することで、政治のあり方がどのように変わってきたのかを考えることが重要な意味を持つと思います。

†空中戦と地上戦

選挙に際しては、地上戦と空中戦という表現を聞くことがあるかと思います。英語ではGround WarとAir Warですが、テレビが放送中のことをOn AirということからAir War、空中戦という表現が出てきました。メディアを使う選挙戦を空中戦、選挙区で足で有権者の支持を稼ぎ、動員する選挙戦を地上戦と呼びます。

地上戦と空中戦の特徴を二大政党の支持基盤や選挙戦術との関係で検討すると、興味深い現象が見えてきます。二大政党のうち、民主党は都市部の有権者を基盤としているので、地上戦を展開しやすいです。都市は人口密度が高く、集合住宅に住んでいる人が多いことを考えると、一気に動員するのが容易だからです。それに対して、人口密度が低い農村地帯を基盤とする共和党は地上戦はやりにくいです。そうだからこそ、ラジオやテレビを積極的に使う空中戦を戦略の中心に据えなければならなくなります。メディアの必要性が選挙区の特性によって変わってくることはしばしば見落とされがちですが、興味深く重要な点です。

†メディアのバイアス

次に、政治をみる上でメディアをどのように位置づけ、評価するかが問題になります。

メディアを客観的、中立的な組織と考えることはおそらくできません。メディアは民意を代表していると主張しますが、実際には大半のメディアは営利団体なので、新聞の場合は購読者数を増やす、テレビの場合は視聴率を高める必要があります。

そのため、人々の耳目を集める情報を優先的に報道しようとする傾向が表れ、それに伴ってバイアスが発生してしまいます。しばしば、犬が人を噛んでもニュースにはならないが、人が犬を噛んだらニュースになるといわれます。メディアが注目を集めやすい現象を積極的に取り上げる傾向があることで、政治に関する報道の仕方に独特の傾向が表れ、人々の政治に対する認識や、政治家がメディアを活用しようとする際の戦略にも大きな影響が及びます。

例えば、メディアはよいニュースよりも悪いニュースを取り上げる傾向が強くなります。今日も政治家と役人が朝から晩まで真面目に働きましたというのではニュースにはなりませんが、政治家や役人が失敗した時はニュースになります。同様に、日常的な行政活動はあまりニュースになりませんが、偶発的な事故や政治変動は大きなニュースになる傾向があります。

また、政策の内容よりも党派対立の方が報道されやすくなります。政策の詳細について紹介するのは限られた時間の中では困難ですし、多くの国民は詳細については関心を持たない可能性もあります。そうなると政策の内容を扱うよりも、民主党と共和党がこのような対立をして、今どちらの政党の方が優勢だというような形で、党派対立に還元して紹介した方が視聴率を稼ぎやすいといえます。選挙についての報道でも、政策内容を扱う報道よりも、競馬のような感じで党派対立を取り上げる報道が増加しているのです。

メディアの報道は特定の個人に集中する傾向もあります。四三五人の連邦議会下院議員全員を全て同じように報道するのは不可能なので、一部の連邦議会指導部や、一人しかいない大統領に注目した方が取材もしやすいといえます。これは、大統領のような目立つ人にとっては諸刃の剣で、何かに成功すれば多く報道してもらえるので好ましいといえますが、失敗すると集中砲火を浴びます。また、注目を集めたいと思っている人たちはメディアで取り上げてもらうために、大統領や議会指導部の悪口を言おうとする傾向が出てきます。このように、メディアの報道のあり方に基づいて政治家の行動が変わってしまうのです。

†メディアが政治を変える

メディアが政治で大きな役割を果たす様になった背景には、政党の地方組織が弱体化したことがあります。その結果、政治家がメディアに依存する度合いが高まったのです。メディアが政治活動の中心になると、メディアの特性に合った行動をとることのできる政治家が優位になります。

例えば、テレビなどのメディアを使うことで、ワンフレーズ・ポリティクスと呼ばれる現象がみられるようになります。討論番組などでは政治家も比較的長い時間をかけて議論することができますが、メディアはその中の印象的な部分を編集して、通常のニュース番組で流そうとすることがあります。ニュース番組で映像を流そうとすると、長くても一五秒ほどしか使えないことを考えると、メディアへの露出を増やしたいと考える政治家は短く象徴的なフレーズを使うようになります。その結果、討論番組に際しても、政策論争よりも象徴的なイメージ戦略が重視されるようになってしまいます。

また、いわゆるネガティヴキャンペーンもしばしば用いられるようになります。自分のよいところを強調するよりも、他人の問題点や失敗を強調する傾向が強くなってしまうのです。心理学の研究でも、肯定的な情報を伝えるよりも否定的な情報を流した方が記憶に残りやすいことが明らかになっています。そのような選挙戦略をとろうとする人が出てくる結果として、スキャンダルなどが頻繁に取り上げられるようになるのです。

さらに、メディアが選挙の中心になると、選挙資金が増大する傾向があります。テレビ広告を流すには多額の費用が必要になり、資金力のある政治家が有利になります。資金力に乏しい候補は、メディアを活用するためには、資金力のある人や団体に頼らなければなりません。特定の献金者に頼ることになるのか、利益集団に依存することになるのか、政党本部の資金に依存することになるのかは状況によって変わりますが、いずれにせよ資金力のある人や団体の影響力が大きくなることには違いありません。

ちなみに、インターネットは非常にお金がかかるメディアです。日本ではインターネットを使った選挙は金がかからないとしばしばいわれますが、その根拠は薄弱です。インターネットで候補者の悪口を書かれることがしばしばありますが、それを即座に発見し、その情報を否定したり、その印象を薄めたりしなければなりません。そのような作業を専門的に行う人員も必要になりますし、それに特化した特別なソフトウェアも購入しなければならないなど、実際にはかなりお金がかかります。

†政治社会の分極化とメディア

近年のアメリカ政治では分極化の傾向が強まっていますが、それとメディアはどのように関係しているのでしょうか。

メディアはしばしば不偏不党、客観報道を原則として掲げる傾向があります。また、メディアこそが国民全体の集合知を作り出すのだという議論がなされることもあります。しかし、この考え方は近年ではかなり怪しくなっています。

アメリカの場合は、保守系のメディア、例えばＦＯＸニュースやトークラジオがこの前提を覆してしまいました。伝統的なＣＮＮなどのメディアは、特定の党派に有利な情報になる可能性がある見解を紹介した場合には、反対意見も必ず紹介します。また、民主党と共和党の政治家が話す時間が同じになるように配慮します。報道番組は不偏不党や客観報道という原則を重視しなければいけません。しかし、ＦＯＸなどは報道番組ではなく、オピニオン番組、要するに出演した人が自由に意見を表明したり議論したりする番組を中心に流しています。オピニオン番組を作る時はそのような配慮をする必要がありません。

このように、政治的中立性に配慮しない番組を保守系メディアが作るようになったのを受けて、リベラル系のメディアも同様の番組作りをするようになりました。その結果、メディアの世界も分極化するようになりました。そして、これが視聴者の見解の偏りを生み出すようになっています。近年のアメリカでは、国民が、自分たちの立場に似たニュースしかみなくなるという、選択的接触と呼ばれる現象がみられるようになっています。リベラル派はMSNBCを観て、保守派はFOXを観るのです。

その背景としては、一九八〇年代以降にケーブルテレビが発達することによって多チャンネル化が進行し、多様なメディアが自分たちの特徴を前面に出そうとするようになったことがあります。客観報道を中軸に据えたままで特徴を出すのは容易ではないため、各メディアはメッセージ性を出すことで特徴を示そうとします。その結果、保守的な色彩を前面に押し出そうとするメディアと、リベラルなカラーを前面に押し出すメディアがそれぞれ出てくるようになる中で、有権者は自分と似たスタンスに立つメディアを心地良いと思うようになっています。

インターネット・メディアが九〇年代後半以降に発達するようになると、選択的接触の傾向はより顕著になっています。SNS、中でもフェイスブックは注目されています。スティーブン・バノンというトランプの参謀を務めていた人は、選挙戦はフェイスブックが主戦場だといっています。フェイスブックでは「いいね」を押すと、似た情報がどんどん表示されるようになります。近年、テレビやラジオではなくSNSを主な情報源としている人が増えていますが、フェイスブックでニュースを確認する人が増えていくと、自分が「いいね」を押したのと政治的傾向が似たニュース、ある意味、偏見を共有する情報ばかりに接触するという事態が発生してしまいます。

このメカニズムを利用し、悪用することは、当然ながら可能です。例えば、二〇一六年の大統領選挙の際には、ロシアがフェイスブックを使って、民主党候補のヒラリー・クリントンにとって不利になる情報を積極的に流し、反クリントンの雰囲気を作ろうとしていたのではないかともいわれています。

†フェイクニュースとメディア不信

今日、しばしばフェイクニュースの問題が指摘されるようになっています。また、メディアに対する信頼性が低下していることも、しばしば指摘されています。

メディアで流されている政治情報の信憑性が疑われるものの例として、選挙広告を挙げることができます。アメリカの選挙では選挙広告を比較的自由に流すことができますが、その中で政治家や候補者が作成したもの、承認したものについては、コマーシャルの最後に「私はこのメッセージを承認します」と一言添えることになっています。しかし、それ以外の人たちが勝手に広告を作って特定の政治家を応援することも可能です。これは言論の自由の正当な行使だということになっているのです。

その結果として、勝手連的な人々が、特定の候補を応援したり、特定の候補を批判したりするための広告を作ることがありますが、そのような広告の中に真偽のはっきりしない情報が含まれる可能性があります。根拠の定かでない批判を主目的とする選挙広告を作ることで特定の候補を応援しようと考える人々も出てくる可能性もあります。候補者が嘘の情報を入れていたらその人物の責任ですが、応援団が勝手に作るものに誤りがあっても候補者の責任ではありません。しかし、そのような勝手連が作ったものと候補者が作った広告は、有権者にはなかなか区別がつきません。その結果、政治関係で流れている選挙広告は、全体的に信用できないという意識が出てくる可能性があります。

真偽の定かでない情報が流されるという問題は、インターネットの分野でとりわけ顕著です。SNSなどでは、視聴者が増えてサイト内の広告をクリックしてもらえば利益が出るというシステムが存在しますが、広告課金を狙い、営利目的でニュースを作る人がいます。その中には、特定の政治家を支持し、他の政治家を貶めようとする人もいますが、政治的な意図とは無関係に、儲けるためだけに注目を集める記事を作ろうとする人もいます。その際には、情報の真実性や客観報道の原則などが念頭に置かれることはありません。また、そのようなことをする人はアメリカ国民に限られません。先に述べたように二〇一六年大統領選の時にロシアがクリントンを批判するフェイクニュースを作って流していたとの疑惑が強まっています。このようなものがインターネットで出回ってしまうと、全体として人々は、様々なニュースは虚実が入り混じったものであり、信頼してよいのか疑わしいと思うようになってしまいます。

これに対して、伝統的なメディアは、情報の裏取りをして間違ったことは書かないことを当然の原則にしています。しかし、裏取りをしようとすると情報の速報性が犠牲になってしまいます。インターネットで盛んに取り上げられている問題を伝統的メディアが扱わないのは、視聴者からの批判を招く可能性もあります。そこで、伝統的メディアは、インターネットでは今これが話題になっているという形で、裏取りをしていない情報を流すこともあるのです。

もちろん、そのニュースがネット上で話題になっていることは嘘ではありませんが、話題になっているその内容は誤っているかもしれません。しかし、多くの人は、伝統的メディアは怪しい情報は流さないと思っているので、インターネット上で話題になっている話自体を裏取りされた情報だと誤解してしまうことがあります。やがて、実際はそこで伝えられた情報が誤りであることが明らかになると、伝統的メディアも含めてメディア全体に対する信頼が低下してしまうのです。

†メディアと統治

最後に、選挙で当選した政治家がメディアを統治にどのように利用し、影響を与えるのかについても、簡単に検討します。

政治家は、メディアをどのように活用するかについて、かなり気を配っています。日本の首相は毎日のようにぶら下がり取材を受けますが、これは世界的にみると稀で、アメリカ大統領がメディアから直接取材を受ける機会はさほどありません。通例は大統領ではなく、報道官が対応することになっています。

近年のアメリカでは、政権のみならず、有力政治家もメディア対策のスタッフを抱えています。メディア対策のスタッフはかなり多くの仕事をしていて、選挙の時から統治に至るまで、様々な助言をしています。アメリカでは、人種やジェンダー、社会階層、年齢など、様々な層に特化した聞き取り調査を政党や政治家のスタッフも含めて行っていますが、その内容を踏まえて、心理学を学んだメディア対策のスタッフが、言葉の選び方や身振り、スーツやネクタイの色なども含めて助言しているのです。日本でも最近ではそのようなことは増えてきていますが、全く規模が違います。

インターネットについていえば、インターネットは他者を攻撃する上では非常に有効なツールだといわれていますが、統治を行う上では使いにくいといわれています。テレビなどとは違ってインターネットでは、みたい情報しかみてもらえないことが多くなります。特定の政治家のことを嫌っている人たちは、その政治家を批判するメッセージならばみてくれるので、その人を攻撃する上ではインターネットは非常に有効です。しかし、批判の対象となっている政治家が誤解を解こうと説明をしても、大半の人はみてくれません。

また、統治に責任を持つ人々が、ある政策を実施するには有権者に税負担をしてもらう必要があるというような情報をインターネットに上げたとしても、大半の人はその全体をみてくれるわけではありません。その一方で、あの政治家は人々に負担を押し付ける増税の提案をしているというような、短い批判的なメッセージの方が注目を集めやすいのです。

そして、実際に増税の提案がなされたりすると、それに不満を感じる人々は、説明が足りないなどと不満を述べたりするのです。

インターネットが政治において果たす役割は、今後ますます大きくなっていくと思われます。しかし、それは現職政治家にとっては難しい時代が来ることを意味します。政治を適切に行う上でインターネットをどのように使えばよいのかは、非常に難しい問題だといえます。

メディアの発達は日進月歩で、近年では大統領選挙ごとに新たなメディア戦略が開発されています。今後メディアと政治の関わりも常に変わっていくでしょうが、政治を分析する場合にも、以上述べたような世論やメディアの限界をしっかりと自覚しておく必要があります。

第六章

移民・人種・白人性

キング（左）とマルコムX

1　移民

†「多からなる一」

アメリカは、建国期以来一貫して数多くの移民を受け入れているため、多民族社会になっています。移民は様々な宗教的な背景を持ってくるので、アメリカは同時に多宗教社会でもあります。アメリカではしばしば、"E pluribus unum" という、「多からなる一」という意味のラテン語が国を象徴する表現として用いられます。様々な要素が合わさることによって一つのものが作り上げられるというニュアンスです。このような多民族、多宗教社会で政治を行う上では、多様性の尊重と全体としての統合のバランスをどのようにとるのかが大きな問題となります。

この問題を考える上で重要なのは、理念と現実の間に距離があるということです。一方では、多様性はアメリカ社会の強みであり、様々な人々から成り立っている社会がアメリカなのだという、理念的な観点から多様性を賞賛する議論が頻繁になされます。他方、マイノリティに対する差別が存在していたり、社会経済的格差とそれに起因する問題、例えば、貧困や教育、犯罪などの問題がマイノリティに集中的に顕在化していたりする現実もあります。アメリカ社会の多様性の問題を考える上では、この両方の側面に注目する必要があります。

†移民の国アメリカ

アメリカは、しばしば移民の国だと称されます。アメリカは、ヨーロッパの君主制や宗教的迫害から逃れてきた移民が建国した国なのだという神話が、しばしば語られます。しかし、実際はアメリカの建国の中心になった人たちは、ヨーロッパの国々から入植者としてやって来ていた、主にＷＡＳＰ（白人・アングロサクソンのプロテスタント）の人たちでした。しばしばアメリカ的信条と呼ばれる価値観の基礎を作り上げたのは、彼らだったのです。

そう考えると、アメリカにおいて移民が両義的な存在であることがわかります。一方で、移民は、アメリカの素晴らしさに憧れてやって来た人たちという意味で、アメリカの理想と理念を体現する存在です。他方で、移民はＷＡＳＰによってその基礎が築かれたアメリカ的価値観の基盤を掘り崩す危険性を秘めてもいます。移民問題を考える上では、移民が価値の点で両義的な意味を持っているという点を踏まえる必要があります。

†不法移民問題

近年、世界的に移民問題が大きな話題になっていますが、アメリカの移民問題には独特の性格があります。日本で移民受け入れが議論される場合、合法移民を受け入れるか否かが問題になりますが、アメリカで問題になるのは主に不法移民問題であって、合法移民の受け入れについてはあまり大きな議論にはならないのです。

アメリカでは、最近では毎年七〇万人くらいの合法移民を受け入れていますが、それを争点化しようとする人はわずかです。もちろん、全く議論がないわけではなくて、どの国からの合法移民を受け入れるべきか、合法移民にどのような資格を求めるべきかについては、他の国と同様に議論の対象になります。アメリカでは社会的多様性を確保するために、これまであまりアメリカに移民してきていない国の人を優先的に受け入れようという方針がありますが、それをやめて、専門的な技能や知識を持つ人を優先的に受け入れるべきだという議論はあります。しかし、それが大きな声になることは必ずしも多くありません。

アメリカで問題となっているのは不法移民対策で、今日のアメリカには不法移民が一一〇〇万人ぐらいいるといわれています。日本の人口の一割近くということで、かなりの人数だということがわかりますが、この不法移民にどのような対応をするべきかが大問題になっているのです。

これ以上不法移民を増やすべきでないということについては、ある程度のコンセンサスがあります。ですが、現在、国内で居住している不法移民をどうするべきかについては見解が分かれます。全員国外退去処分にするべきという人がいる一方で、それには膨大なコストがかかり現実的に困難なので、不法移民の一部に対して合法的な滞在許可と労働許可を与えるべきだ、さらには市民権への道を開くことを考えるべきだという人もいます。

†二大政党と不法移民問題

不法移民対策についての議論をややこしくしているのは、この問題への賛否が党派を横断していることです。一般的には、共和党が不法移民に対して批判的であり、民主党は不法移民に対して寛大な態度をとっているという印象があるかと思います。全体的な傾向としてはその通りですが、全ての議員がそうではないのです。

不法移民は合法移民よりも安い賃金で働いてくれるので、共和党の支持基盤であるビジネス界の人たちは、不法移民を安価な労働力として好ましい存在と捉えます。そのため、共和党の中でも不法移民に寛大な立場をとる人もいます。逆に、労働組合からすると、不法移民は労働賃金を下げるので、好ましくない存在だといえます。その結果、民主党の中でも不法移民に厳格な立場をとろうとする人もいるのです。なお、近年民主党が不法移民に対して寛大になっている背景には、一つには労働組合の政治的影響力が低下していることと、もう一つには、労働組合が組織率を上げるために移民を組合に取り込もうとし始めていることがあります。

このような状況の中で不法移民対策をとろうとした場合、一方の政党の支持だけを基に法案を作るのは難しいので、移民改革を実現するためには、民主・共和両党の政治家から協力を得て、呉越同舟的な形で法案を作らなければなりません。そう考えると、アメリカ国内に大量に存在している不法移民の中の一定数の人（例えば、犯罪歴がなく、納税が可能と思われる人）に合法的な滞在許可と労働許可を与える一方で、以後の出入国管理を厳格化するというような抱き合わせ策をとるのでない限りは、移民関連の法律はできそうにないというのが現状です。

†中南米系の特殊性

近年、大論争を巻き起こしているのは、中南米系の人たちです。

近年のアメリカでは、中南米系とアジア系の人口が増大しています。中南米系の人たちは、二〇一一年の段階で人口の一七%を占めるに至っており、黒人（人口の一二%）より多くなっています。アジア系はまだ人口比率としては五%しかいないのですが、一九六〇年には〇・五%しかいなかったこともあって、人口増大率が圧倒的に高いのです。逆に減少しているのは白人で、二〇四〇年代には中南米系を除く白人の人口比率は五〇%を下回るのが確実だとされています。それに不満を感じている白人が一定数いて、彼らが今問題視しているのが中南米系なのです。

中南米系にはこれまでの移民とは違う特徴があるのではないかと主張されています。中南米とアメリカは地理的に近接していることもあって、出稼ぎ感覚でやって来ている人が多いのではないかと、いわれているのです。例えば一九世紀にアメリカにやって来た移民は、出身国を捨ててアメリカ人になるという覚悟を決めてやって来た人が多いと考えられます。当時、飛行機などもなかったので、船で長い時間をかけてやって来る人たちには相当の覚悟が必要でした。しかし、中南米系の人々は、アメリカと中南米諸国の圧倒的経済格差を背景に出稼ぎ感覚でやって来て、ある程度稼いだら金を持って出身国に帰ろうとしているのではないかと疑われているのです。

この懸念は、中南米諸国の行動によって強化されています。中南米諸国からしてみれば、アメリカに行った移民は、出身国に残った家族に金銭を仕送りしてくれるとともに、金を貯めたら国に帰って来てくれる可能性もある、金のなる木といえる存在です。そのため、中南米の国の中には二重国籍を積極的にとらせようとする国も存在します。アメリカに行った人がアメリカ国籍を取得するには出身国の国籍を放棄する必要がありますが、その後、もう一度出身国の国籍を取り直そうとする際にはアメリカ国籍を放棄する必要がないとすることで、二重国籍を奨励するようになっているのです。

もちろん、アメリカ政府としては出身国の国籍を再取得する際にアメリカ国籍を放棄することを想定していますが、こっそりと出身国の国籍を再取得した人のことを把握することはできません。このような状況が、保守的な人たちに、中南米系移民はアメリカに対する忠誠が足りないとの不満を抱かせているのです。

†国籍・麻薬・テロ

中南米系移民については、出生地主義原則に基づく国籍付与という合衆国憲法の規定と不法移民問題の関連も大問題となっています。

日本では国籍は血縁主義、つまり親の国籍に基づいて決定されることになっていますが、アメリカでは合衆国憲法修正第一四条の規定に基づいて、旅行中の人の子どもであっても、不法滞在中の人の子どもであっても、アメリカ国内で生まれた者についてはアメリカ国籍が付与されることになっています。修正第一四条は、もともとは南北戦争前に奴隷とされていた人たちに確実にアメリカ国籍を付与しようという意図から南北戦争後に追加された条文ですが、この規定を不法移民が活用しようとしているとの懸念が示されています。

実際、アメリカとメキシコの国境付近には、メキシコからの移民と不法移民を主要な客として想定し、「ここで子どもを産めます。出生証明書を出します」と宣伝している病院があったりもします。そのようにして産まれた子どもが二一歳になれば、出身国から家族を呼び寄せるのが容易になるのです。そのため、アメリカ国籍を取得するために、この規定を活用しようとして米墨国境を縦断して不法移民がやってくるのではないかという批判がしばしばなされています。これが、トランプによる米墨国境の壁建設という議論につながっているのです。

また、中南米系に関する問題として、麻薬の問題も指摘されています。アメリカで流通しているマリファナやヘロインの大半は、メキシコから輸入されたものです。コカインについても、コロンビアからメキシコ経由で届けられているといわれています。トランプは大統領選挙中に、メキシコからの移民はアメリカに麻薬を持ち込んでいると繰り返し主張しましたが、一部の密売人がアメリカに麻薬を持ち込んでいることによって、このような主張がなされているのです。

さらに、中南米から不法移民が入国できるならば、それに紛れてテロリストも入国できるのではないかという議論もなされ、移民問題は安全保障の問題とも関連する形で議論されています。メキシコと接しているアリゾナ州やテキサス州の保守派の政治家はそのような主張を繰り返しています。また、民兵や自警団として国境地帯の警備を自発的に行っている人々は、そのような懸念を強く示しているといわれています。

実際には、麻薬を持ち込む移民はごくわずかであり、また、米墨国境を不法越境してテロリストが入国したという事実は今のところないようです。このように、客観的な根拠のない認識に基づいて多くの人的・財政的資源が投入され、その結果、逆説的ながらもその他の分野に投入される資源が減少している現状は、おそらく好ましくないといえます。しかし、この問題は一部の人々の不安を背景に主張されていることもあり、今後も主張され続けると思われます。

2 人種問題

✝公民権運動の理念

アメリカの人種問題には、移民問題以上に複雑な問題が含まれています。その理由に奴隷制の問題があることは間違いありません。

人種差別は、南北戦争や公民権運動を経て、少なくとも法的には克服されたといわれています。南北戦争時にエイブラハム・リンカン大統領が表明した、全ての人は平等に創造されているという理念、それを受け継いだ公民権運動の理念は、独立宣言にも表れていた理念でした。これは、今日のアメリカでは広く受け入れられています。

一九五〇年代後半から六〇年代に公民権運動が展開された時、マーティン・ルーサー・キング・Jr.牧師が大きな役割を果たしました。公民権運動のクライマックスは、ワシントン大行進の後にキングによってなされた、「私には夢がある」という演説です。この演説が高く評価されたのは、キングが、自らが抱いている夢は大きなアメリカン・ドリームの中に位置づけることができるのだ、黒人が抱いている夢はアメリカ国民が抱く夢と同じであり、黒人の夢を実現することはアメリカの夢の実現、アメリカ的信条の実現なのだと主張したことに理由があります。アメリカという素晴らしい理念を持つ国の中に黒人を統合しようという意図に基づいてなされた演説だから支持されたのです。

二〇〇八年の大統領選挙で勝利して初の黒人大統領になったバラク・オバマも、その著書や演説で、キングと同様の夢を語りました。オバマも、黒人はアメリカの夢を共有しており、アメリカというのはそれらの価値を実現することができる、他に例をみない国だと主張しました。今日では、人種の別を問わず、全ての人を平等に位置づけようという考え方が強く支持されているといえます。

†ブラックパワー運動

ただし、黒人を他のアメリカ人と同じように扱いさえすれば人種差別を克服できるかというと、問題はそれほど簡単ではないかもしれません。そのため、主流派の公民権運動とは異なる立場から、人種をめぐる状況を変えようと主張する人がいます。

一つには、いわゆるブラックパワー運動と呼ばれるものがあります。初期のマルコムXやブラック・ナショナリズム運動などにみられる、分離独立運動が典型例です。キングが「私には夢がある。それはアメリカの夢の一部なのだ」と述べたのに対し、マルコムXらが強調するのは、黒人がアメリカに対して感じているのは「悪夢」なのだということです。彼らによれば、一見中立的に見える制度も白人に有利になるように作られていて、黒人は劣位に置かれるような状態に追い込まれているというのです。この状況を変えるには、アメリカ社会のあり方を根底から覆すか、黒人が分離独立する必要があるのだと主張されます。

この議論は、公民権運動とはかなり性格が違っています。公民権運動は、アメリカに居住している個人に注目して、どの個人に対しても差別的な取り扱いをしてはいけないという考え方に基づいて展開されました。しかし、ブラックパワー運動は、白人と黒人は異なる存在だという考えに立脚しています。人種が異なれば別の扱いをしなければいけないという立場であり、個人よりも集団的属性に注目する点で異なっているのです。

†積極的差別是正措置

もう一つの考え方として、積極的差別是正措置（アファーマティヴ・アクション）と呼ばれるものがあります。これは、黒人などのマイノリティの状況を改善するために、積極的に差別を是正するための措置をとろうという考え方で、リンドン・ジョンソン大統領が大統領令で行おうとしたものです。ジョンソンの比喩を用いれば、それまで鎖につなぎ留められていた人の鎖を外して自由競争だといっても公正な競争にはならないので、公正な競争ができるようにするための条件を整えようというのでした。

ただ、ジョンソンが行おうとした積極的差別是正措置はある意味曖昧で、黒人に対する差別を是正するためには教育改革などを含む広範な対策をとる必要があるということなども念頭に置かれていました。

しかし、今日積極的差別是正措置といって多くの人がイメージするのは、クオーター制、あるいはプラス評価制といわれているものだと思います。クオーター制とは、企業の役員となる人のうち一定割合は黒人から選ばなければならないというような、人種別の割り当て制度のことです。プラス評価制とは、例えば、誰かを雇わなければいけない時に、黒人と白人が同等な能力を示している場合には黒人を優遇するというものです。

このクオーター制やプラス評価制を積極的に提唱したのは、共和党のリチャード・ニクソン大統領やロナルド・レーガン大統領でした。積極的差別是正措置という考え方は国民からも一定程度支持されていたものの、ジョンソン大統領が念頭に置いていたような教育改革などは多くの資金を要するので好ましくないと彼らは考えました。それに対して、人種的な割り当てをするとか、同等の能力を示す場合に黒人を採用するという措置にはお金がかからないことから、共和党の大統領にも受け入れが可能だったのです。

この積極的差別是正措置も、もともとは公民権運動から派生した施策だったのは事実です。しかし、公民権運動が人種にこだわらずに黒人も白人も個人として捉えようという考えに立脚していたのに対して、近年採用されている積極的差別是正措置は、黒人と白人を区別して、カテゴリー別の措置を要請する点で、公民権運動とは異なる性格を持っています。

†多文化主義への反発

この積極的差別是正措置は、黒人だけではなく、女性や様々なエスニック集団にも拡大されていくようになりました。女性は長らく男性と比べて社会的に劣位に置かれていたので、その状況を改善するために積極的差別是正措置を導入することへの賛同が広がりやすかったといえます。そして、その考え方が徐々にエスニック集団にも拡大されていきました。

しかし、その結果、積極的差別是正措置の性格が変化していきます。もともと積極的差別是正措置が黒人に対して導入された時には、奴隷制という「過去の差別に対する補償」を行うことが大きな目標とされていました。ですが、エスニック集団などにも積極的差別是正措置の対象が拡大される時には、様々な民族や、多様な背景を持つ人々が活躍の場を持つことがアメリカのよさであるという考え方が強調されるのです。いうなれば、過去の差別に対する補償というより、多様性の確保、社会的代表性の確保に主眼が置かれるようになったのです。

社会的代表性の確保という観点は、過去の差別に対する補償とは別の、重要な政策目的になりうるものです。しかし、この考えに立脚するならば、黒人に対する積極的差別是正措置のあり方も性格が変わってくる可能性があります。例えば、黒人が一定割合で存在することが必要という話になると、アフリカから比較的最近にやってきた移民も黒人であるために優遇される可能性があるのです。アフリカからの移民は、アメリカ国内で奴隷であった人と縁がない場合が多いだけではなくて、出身国ではエリートであった可能性が高いといえます。そのような人々が、積極的差別是正措置を活用して社会的地位を高める可能性があるのです。そして、その人たちのせいで自分たちの機会が狭められるという意識が白人の間に生まれる可能性もあるのです。これが積極的差別是正措置に対する反発につながっていった背景の一つとなっているのです。

ブラックパワー運動、積極的差別是正措置が議論されるのと時をほぼ同じくして、アメリカ国内では多文化主義という理念が強調されるようになりました。これは人種や民族の多様性を認めるとともに、マイノリティの人たちがその固有のアイデンティティや慣行を維持、表明することを権利として公的に認めようという考え方です。これはマイノリティの尊厳を強調しようとする人たちからは、素晴らしい理念として高く評価されています。カナダやオーストラリアなどでは、多文化主義は国是として強調されてもいます。しかし、今日のアメリカでは、多文化主義はブラックパワー運動などと関連して議論される傾向があり、人種的、民族的多様性を強調することによってアメリカを分裂させようとする試みなのではないかという批判もなされるようになっています。

3　白人の反発

†白人労働者階級

二〇一六年の大統領選挙でトランプが勝利しましたが、トランプを勝利に導いた要因として、労働者階級の白人がトランプを支持したことが指摘されています。この白人労働者階級の人々が、近年の移民や黒人に対する扱いについて不満を感じているのは間違いありません。

労働者階級の白人は、近年のアメリカで社会経済的地位を相対的に低下させた人たちです。近年のアメリカでは経済格差が拡大していて、豊かな人たちとその他の人たちの差が拡大しています。また、近年のアメリカでは、格差が固定化する傾向が顕著になっており、白人労働者階級の子どもたちも社会経済的地位を向上させるのが難しくなっています。

　かつてのアメリカでは、貧しい人でも刻苦勉励して働けばやがて豊かになれる、仮に自分は豊かになれなかったとしても子どもは豊かになれるというアメリカン・ドリームがあるといわれてきました。しかし、近年では、経済格差が拡大するとともに固定化して社会的流動性が低下する状況を考えると、アメリカン・ドリームはすでに終焉してしまったのではないかといわれるようになっています。

　このように社会状況が変わっていく中で、

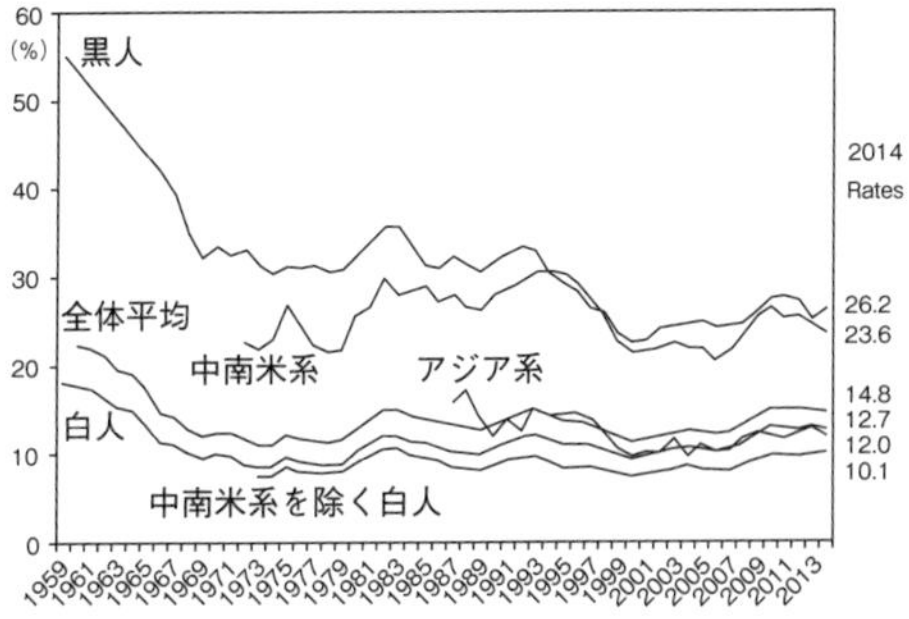

図11　人種・エスニシティ別貧困率
Source: U.S. Census Bureau, Current Population Survey, Annual Social and Economic Supplement.

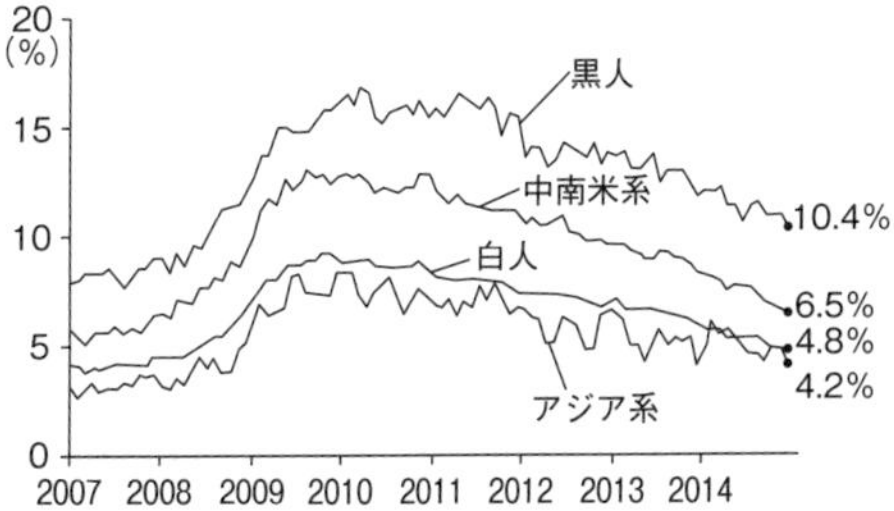

図12　人種・エスニシティ別失業率
Source: Thomson Reuters Datastream-Stephen Culp @ ReutersCulp 1/9/2015

白人はアメリカ社会に対して大きく絶望するようになったと指摘されています。もちろん、客観的にみると、図11・図12に表れているように、失業率や貧困率などの点で、黒人やエスニック集団と比べると、白人は相対的にはマシな状態にあります。しかし、彼らが社会に絶望する度合いは非常に高くなっているといわれています。

これを端的に示しているのが、図13です。図の左側は、四五歳から五四歳の人の死亡率を示しています。いうまでもありませんが、先進国では医療の進歩もあり死亡率は軒並み低下しています。しかし、アメリカの白人については例外的に増大しているのです。その理由を示しているのが右側の図ですが、その大きな理由は、薬物やアルコールの過剰摂取や自殺なのです。これは、彼らがアメリカ社会に絶望している度合いの高さを示していると解釈できます。いわゆるトランプ現象とは、このように社会に絶望している白人たちが、アメリカで白人の人口比率が低下していることもあって、反動的な行動に出たことによって生じたと考えることができます。

†白人労働者階級の被害者意識

白人労働者階級の人々は、近年では幾重もの被害者意識を持つようになっています。彼

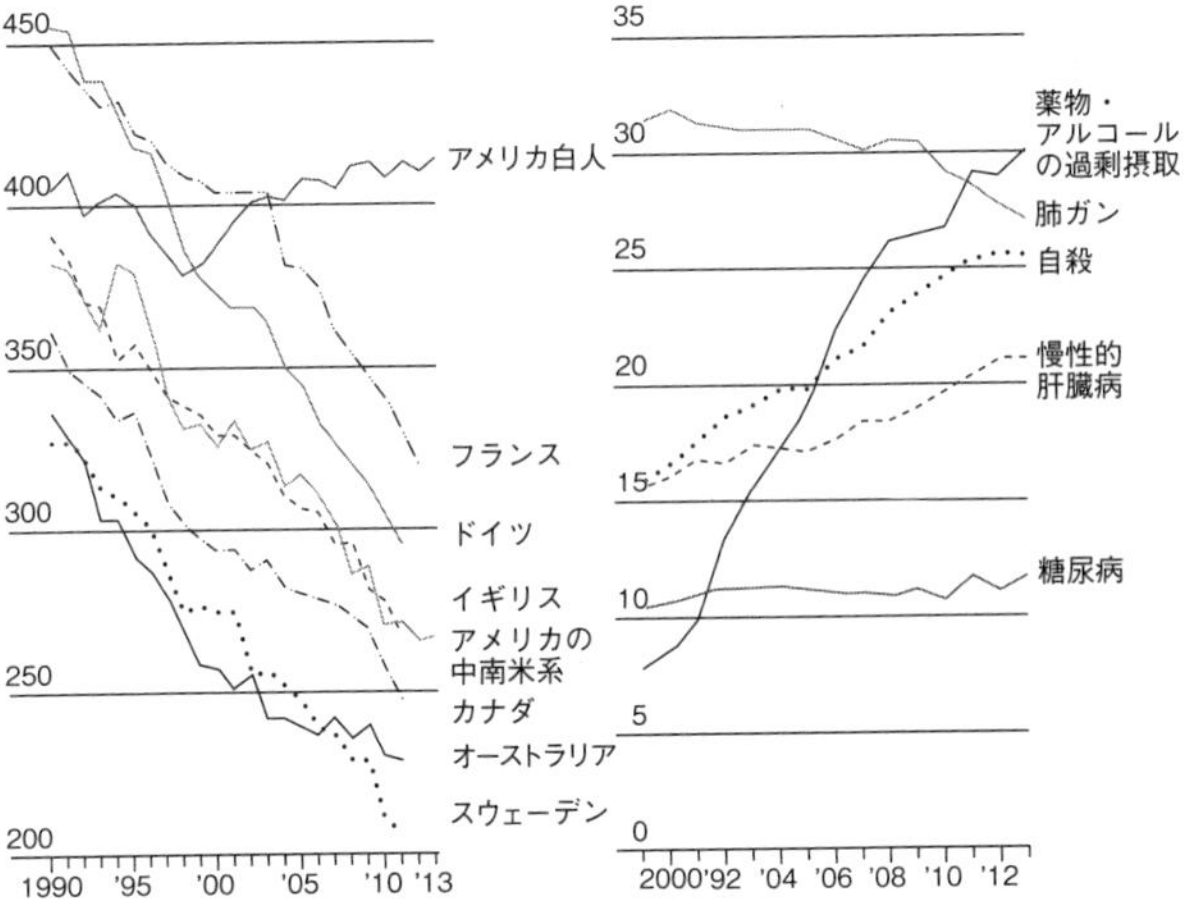

図13　45〜54歳の人口10万人あたりの死亡率（左）と45〜54歳の中南米系を除く白人の死亡理由（人口10万人あたりの比率、右）
Source: Proceedings of the National Academy of Sciences of the U.S.A.（左）
THE WALL STREET JOURNAL.（右）

らがトランプを支持し、民主党を批判しているのはある意味、象徴的です。

二〇〇八年、二〇一二年の大統領選挙で民主党候補のバラク・オバマが掲げたスローガンは、「希望」、「前へ」という前向きのものでした。しかし二〇一六年選挙でトランプが掲げたのは、「アメリカを再び偉大にする」という、昔はよかったという懐古的なニュアンスを伴うものでした。このような後ろ向きのメッセージが支持されているのは、いわば、歴代の民主党政権によって達成された「進歩」に対する反発が白人労働者階級の間で強かったことを示唆しているのです。

その「進歩」には、少なくとも三つの側面があります。

一つは、先ほど説明した多文化主義の問題です。様々な人種やエスニック集団の多様性と、それらの集団がアメリカで占めてきた位置づけについて考えると、その裏返しとして、アメリカで白人はどのような存在だったのかという問題に突き当たります。そうなると、白人はアメリカ社会で特権的地位を得てきた人々だという指摘がされるようになります。マイノリティの人々にいわせれば、白人はその特権を必ずしも自覚していません。これは、白人は他の人種や民族集団を無意識のうちに劣った存在とみなしていることを意味します。いわば、白人は特権を持つと同時に、原罪を抱えた存在でもあるということになるのです。

そして近年、そういう白人の罪を償う、他の人種や民族に対する差別を補償するという名目で積極的差別是正措置が導入されたのは先ほど指摘した通りです。アメリカの白人の中でも、例えば大都市の多民族社会の中で多様な人々と共存してきた人たちには、そのような議論も腑に落ちるのかもしれません。しかし、生まれてからずっと白人ばかりの社会で育っていたような人からしてみれば、自分たちが特権を与えられているといわれても納得がいきません。むしろ、特権を享受した覚えがないのに、原罪があると批判され、その償いとして積極的差別是正措置という名の逆差別を甘受せよといわれているような意識を持つようになっているのです。

†社会福祉とジェンダー

労働者階級の白人が不満を感じている二つ目の「進歩」として、社会福祉政策の拡充を指摘することができます。アメリカでは社会福祉政策、とりわけ公的扶助は、障害がある人などを除けば本当に貧しい人たちにしか与えられないように制度設計されているので、白人労働者階級の人たちは公的扶助を受給することはできません。むしろ、彼らは働いて自活しているという意識を持っていて、それをプライドの源泉にしてもいます。

とはいえ、彼らは必ずしも豊かではありません。そのような人たちは、一生懸命働いて稼いだお金を税金として取られ、その税金を使って、怠けて働かない黒人や移民に対する施しが行われているというイメージを持っているのです。この認識は実態を反映してはいないのですが、そのような認識に基づいて、社会福祉政策を拡充した民主党に対する不満、反発を抱くようになっているのです。

近年の白人労働者階級、その中でも男性は、家庭内でジェンダーの問題も抱えているといわれています。これが、彼らが不満を感じている「進歩」の三つ目です。

白人労働者階級の多くは製造業に携わっている人たちですが、製造業に携わる人々は、現在は失業の危機に常に直面しています。その理由は、世界的な産業構造の変化に加えて、機械化が進んで彼らが行っていた仕事を機械が代替するようになったことにあるのですが、彼らは、仕事が外国人や移民に奪われていると感じています。

これに対して、彼らの妻は、飲食店などのサービス業で働いていることが多いです。そのような仕事は、賃金は低いですが、仮に景気が悪くなったとしても失業の可能性は必ずしも高くありません。そうなると、家庭内での権力バランスが徐々に変わっていきます。中西部の白人労働者階級の人たちの中には、地ビールを片手にプロレス中継をみるのを楽しみにしているような、マッチョな文化的習慣を持つ人も存在します。そのような人々が、家庭内での地位低下という不安を感じるのにつれて、女性の社会進出を促した歴代の民主党政権の施策に対して反発を抱くようになっているのです。

†トランプ現象をどう理解するか

このように、白人労働者階級の人々は、成功している白人からは見下され、黒人や移民からは逆差別を受け、家庭内では虐げられているという、何重もの被害者意識を持つようになっています。そのような人々が、過去への回帰を強調するトランプを支持したという面があるのです。そして、黒人や移民が、スケープゴートとされているのです。

トランプを支持した労働者階級の白人の人々が黒人や移民、不法移民に対して感じている脅威は、実態のない抽象的な脅威にすぎません。そうであるにもかかわらず、トランプ政権は、移民がアメリカ社会に脅威をもたらしているのだという認識を持つ人たちを満足させるための政策を実施しようとしているのです。

トランプ現象は、アメリカの移民問題、人種問題、そして白人性の問題について考える上で、非常に重要な示唆を与えているといえるでしょう。

第七章
税金と社会福祉政策

公的医療保険制度拡充法案に署名するオバマ大統領(時事通信)

1　小さな政府？　大きな政府？

†納税者の反発

一般的にアメリカは、小さな政府の国であるといわれます。多くの事柄を市場に任せ、政府の行う事柄をできるだけ限定しようとするという意味です。本当にアメリカを小さな政府の国だといってよいのかは実は微妙な問題ではありますが、経済問題に関していうと、小さな政府にしようという意向が非常に強い国であるのは間違いありません。この傾向は植民地時代から存在し、イギリスからの独立を目指すきっかけの一つとなったボストン茶会事件の時に「代表なくして課税なし」というスローガンが掲げられました。そして、同じスローガンを掲げるティーパーティ運動が二〇一〇年以降一定の支持を集めたことからも、税に対する反発が強く、連邦政府の役割を小さなものに留めようとする意向が強いことがうかがえます。

税金のあり方を一体どのように考えればいいのかは、なかなか難しい問題です。一般的には、税金の少ない方が多くの人が満足を感じると思いがちですが、実はここは非常に評価の難しいところです。国際比較をすると、税率の低い国の方が税金に対する不満が強く、痛税感が大きいのです。税率の高い国では税金はたくさん取られますが、自分が受けるサービスの量も多くなります。税金は取られるけれども、いずれ返ってくるという意識が持たれやすいので、税に対する不満はさほど強くなりません。

これに対して、税率の低い国では、政府は必要最低限のことしかできません。納税者のほとんどが、払った税金が自分のところには返ってこないという意識を持ちやすいのです。例えば、アメリカでは、公的扶助をもらえるのは、ほとんど税金を払っていない人ばかりです。このことを考えると、税率の低い国で、税金を払っているにもかかわらず政府から十分なサービスを受けていないと考える人は、税金の使い方が間違っているのではないか、政府が無駄遣いをしているのではないかという疑念を持ちやすくなります。税の使い道の正統性が大きな問題になってしまうのです。その結果、財政支出の削減を多くの人が求めるようになり、さらに政府の規模を小さくしていこうという傾向が顕著になるのです。

第八章でも検討しますが、アメリカは経済的には小さな政府志向が強いですが、モラルに関する分野については大きな政府であるといわれます。例えば公的扶助を受給する人たちに対して、労働の義務を課する、勤労倫理教育を実施するなどの点では、政府が大きな役割を果たすべきだという議論が頻繁になされるのです。これはまさに税金が少ないがゆえに、税の使い道に対する不信が強く、税の使い方をめぐって様々な人が意見することの表れです。

†エレファントカーブ

多くの税金を払っているという意識を最も強く持っているのは、中間層の人々です。この中間層の人々をめぐって最近注目を集めているのは、エレファントカーブといわれるものです。この図では横軸の一番左が世界的にみて最も貧しい人、一番右が世界で最もお金持ちの人となります。縦軸は国民一人当たりの所得の伸び率を表しています。経済状況と所得の伸び率を示してみると象の形になっていることからエレファントカーブと呼ばれます。

図14が表しているのは、世界的にみてまさに中間に当たる中国など新興国の中間層の人たちの所得（A）、並びに、先進国の富裕層の人たち（C：象の鼻が上がっているところ）の所得は上がっていますが、相対的にはお金持ちの、先進国の中間層の人たち（B）の所得

が伸びていないということです。

　この図をみればわかるように、グローバル化は、世界的にみれば平等化をもたらします。しかし、先進国内では一部の富裕層だけが豊かになり、中間層の人たちとの間の格差が拡大しています。先進国の中間層の地位は相対的に低下し、経済的苦境に陥っていることを意味しているのです。これがアメリカ国内、とりわけ白人の労働者階級の人々の政治に対する不満につながっていて、この不満を感じている白人労働者が二〇一六年の大統領選挙でドナルド・トランプに投票したと考えられます。北米自由貿易協定（NAFTA）や環太平洋パートナーシップ協定（TPP）のような通商政策に対する反発が強かったのは、グローバル化と関連が深い政策だからです。

　ただ、この白人労働者階級は、先進国の中で

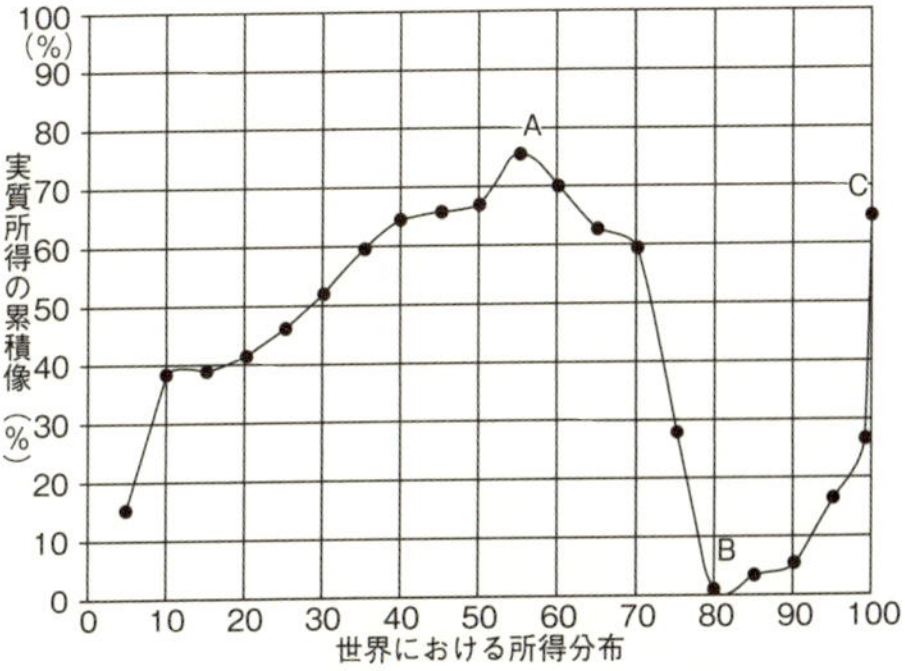

図14　グローバルな所得水準で見た１人当たり実質所得の相対的な伸び（1988-2008年）
（出典）Lakner, Christoph, & Branko Milanovic, "Global Income Distribution: From the Fall of the Berlin Wall to the Great Recession," *World Bank Economic Review*.

も実は貧困層ではなく、中間層に当たる人です。要するに、公的扶助をもらっている人たちとは違うのです。

中間層の不満

彼ら中間層は、自分たちは税金を払って自活しているという強い自負心を持っており、働かずに福祉に依存している人々とは違うという意識を強く持っています。そして、福祉依存者の多くは黒人や移民だという思い込みも持っています。実際にアメリカで黒人や移民が福祉に依存していて怠けているかというとそうではありませんが、そのような認識が強固に存在するがゆえに、スケープゴートとして貧困者、そしてマイノリティを白人中間層が強く批判するのです。

社会経済的な地位を低下させた労働者階級の白人が、民主党ではなく共和党のトランプに投票したのはおかしいという人が、日本では多くいます。その際の前提として、労働者階級の人に対する社会サービスを提供するのは民主党のはずだという認識があると思われます。しかし、これまでの議論からもわかるように、彼らは政府からサービスを受けたいとは思っておらず、自活していることをプライドの源泉としています。福祉に依存している最貧困層の黒人や移民とは違うのだという意識を持っていて、マイノリティの支援をするために、必ずしも豊かでない自分たちから税金を取ろうとする民主党に対する反発心を持っているのです。このような意識があるがゆえに、労働者階級の白人はトランプに投票したのでした。

マイノリティに対する彼らの批判は妥当なのかというとかなり疑問があります。トランプは二〇一六年の大統領選挙の時に、白人労働者階級の仕事を移民が奪っていると主張していました。しかし、第六章でも指摘したように、この根拠はかなり薄弱です。オハイオ州などの労働者階級の人たち、かつて鉄鋼産業などで働いていた人たちの仕事は移民によって奪われたのではなく、オートメーション化で機械に取って代わられました。彼らのマイノリティや貧困者に対する批判は実は根拠がないのですが、このような意識が最近の政治を動かしているということは間違いありません。

これらを踏まえて、この章では税金と社会福祉政策について検討します。

2　予算と税をめぐる攻防

†税の作り方

近年のアメリカでは、時折政府が閉鎖する危機に直面しています。政府閉鎖は、連邦政府の予算が通過しないために発生します。なぜこのような現象が起こるのでしょうか。まずは、連邦政府における予算と税をめぐる攻防について、説明したいと思います。

アメリカの予算の作り方には、非常に大きな特徴があります。予算は法律として決定されるので、連邦議会が基本的には権限を持っているのです。

多くの国では内閣、行政部が予算案を作り、その予算案を議会がそのまま通すのが一般的です。議院内閣制の国の場合には、行政部を議会の多数派、すなわち与党が支えているため、政府が提出した予算が通らないというのはあまり想定できません。

アメリカの場合は事情が違います。もちろん大統領は毎年予算教書を発表します。しかし、連邦議会が予算を作ることが原則であるため、大統領がこのような政策を実施したいので予算をつけてほしいと述べても、議会が予算をつけないという事態は頻繁に発生します。二〇一七年、トランプ大統領がアメリカとメキシコの国境地帯に壁を作るための予算をつけてほしいと要請しましたが、連邦議会がその費用を予算案に含めていないのはその好例です。

予算は法律として作られるので、通常の法律を作る時と同様の過程を経ます。ただし、通常の法律の場合は議会で多数の票を得れば通過しますが、予算案が上院を通過するためには六〇票の賛成が必要です。連邦議会が法案として予算案を出し、上下両院で同じ法案が通過した場合に大統領が承認すれば予算として通過しますが、大統領が拒否権を行使すれば成立しないのです。これは、もし分割政府が発生しているとするならば、予算が通過しにくくなる可能性が高まることを意味します。

また、分割政府が発生していない統一政府の状況でも、予算が通らない可能性はあります。実際に二〇一七年は、大統領も連邦議会の上下両院も全て共和党が支配していましたが、仮に議会が予算案を通したとしても、国境の壁に関する項目が含まれていなければ拒否権を行使するとトランプが発言して物議を醸したことがありました。これが前代未聞の現象であることは間違いありませんが、こういうことは理論上起こりうるわけです。

アメリカの場合、会計年度は一〇月一日に始まります。九月末までに予算が確定せず、さらに暫定予算も成立しない場合、政府機関は停止することになります。これは実際にアメリカ国内では時折起こっていることです。比較的最近でいうならば、二〇一三年にティーパーティ派がバラク・オバマ政権と立場を異にし、オバマケアに関する予算が入っていたら予算案を通さないと主張した結果、連邦政府が閉鎖してしまいました。また、二〇一八年一月にも暫定予算が通過しなかったため、トランプ大統領は政権発足一周年の日を政府閉鎖の状態で迎えることになりました。後者は統一政府の下で政府機関の一部閉鎖が起こった初めての事例でした。

そうなってしまうと、多くの連邦政府の機能は停止してしまいます。国立公園などが閉鎖されたり、パスポート申請に伴う手続きが休止されたりするなどの弊害が現れるのです。もちろん、従軍している兵士や刑務官は仕事を続けますが、閉鎖が解除され、給与支払いを連邦議会が承認するまでその給与は支払われません。

†税をめぐる攻防

税をめぐって、小さな政府の立場を追求する人たちが積極的な活動をしています。有名なところでは、グローバー・ノーキストが中心となって活動している全米税制改革協議会があります。この協議会は、税金を少なくしようと毎週水曜日に水曜会と呼ばれる会議を開催していることで有名です。

その他、二〇〇八年、並びに二〇一二年の大統領選挙で共和党の候補となることを目指していたロン・ポールのような、リバタリアンと呼ばれる立場の人たちがいます。さらには、二〇一〇年の中間選挙の時に大いに注目を集めたティーパーティ派の人たちが、政府の支出を減らすために、できる限り予算規模を小さくしようと様々な活動を行っているのは有名な話です。

このような全米税制改革協議会、リバタリアン、ティーパーティの人たちが予算を削減するターゲットとしてしばしば挙げているのが社会福祉政策です。ただし、社会福祉政策にも様々なタイプがあるので、そのあたりの区別はしておいた方がいいでしょう。

3　社会福祉政策

†市場の役割重視と労働という規範

ここからは医療保険、年金、公的扶助の三つを素材としながら、アメリカの社会福祉政策の基本的な性格について考えていきます。

具体的な政策の内容を検討する前に、全体に共通する点を一つ指摘したいと思います。アメリカの社会福祉政策の特徴として指摘できることは、市場の役割を重視する、いい換えると労働を重視するということです。

比較福祉国家研究でしばしば参照される概念に、「脱商品化」というものがあります。これは、人を商品と捉え、その人が商品でなくなった時にどれだけ生活できるかを示す指標です。人々は生活費を稼ぐために、自らを商品として労働市場に売り出すことで収入を得るのが資本主義経済の基本原則です。しかし、自らを商品にしない場合、具体的には、働かない、あるいは働けないという状態になった時に、どれだけ生活ができるのか。これを示すのが脱商品化指数です。

アメリカは、この脱商品化指数が非常に低いのが特徴です。アメリカの社会福祉政策は労働という規範が強く、市場の役割が重視されていることを意味しています。

†医療保険

この特徴が端的に表れているのが医療保険の分野です。アメリカの医療保険の特徴は、国民皆医療保険が公的に制度化されていないことです。

医療保険は、本来は政府が強制力を持って全員に持たせるのが望ましいものです。医療保険への加入を任意にすると、健康な人は保険に入る必要がないと考えるために医療保険に入らない可能性が高くなります。逆に、不健康な人は医療保険に入りたいと考えるので、保険制度が成り立たなくなる可能性があるのです。

しかし、アメリカは公務員や軍人を対象とするものを除くと、公的な医療プログラムは、高齢者並びに一部の障害者を対象としているメディケア、貧困者を対象としているメディケイド、そして児童を対象にしているＣＨＩＰに限られます。残りの人で医療保険に入りたい人は、民間医療保険を提供してくれる企業に就職するか、あるいは、自分で民間医療保険に加入するしかありません。

企業が提供してくれる医療保険を使うためには、少なくとも家族の誰かがその企業で働かなければなりません。企業が提供するのではない医療保険に入りたい人は、大金持ちである場合を除けば、保険料分を稼ぐために働かなければなりません。アメリカの医療保険制度は、基本的には、保険に入りたいと思っている人が働くことを前提にしているのです。

†民間医療保険

オバマケア成立以前のアメリカでは、医療保険を持っていない人が四五〇〇万人以上いるといわれていました。そう聞くと、無保険者が非常に多いという印象を持つかもしれません。しかし、医療保険を持っていない人が四五〇〇万人しかいないということは、いい換えれば、国民の六人に五人以上が何らかの形で医療保険を持っていることを意味します。これは、公的医療保険が存在していないことを考えれば驚くべきことであり、いかに民間医療保険が発達しているかがわかると思います。

このような中で、オバマは当初、パブリック・オプションと呼ばれる公的医療保険の導入を目指そうとしました。これは一体何を意味するのでしょうか。今日、アメリカで医療保険を持っていない人は、自分は絶対に病気にならないと思っている人や宗教上の理由がある人などを例外として、お金がないから保険に入ることができない人たちです。公的医療保険制度の導入は、まさにそういう人たちを助けることを目的としています。しかし、これは自分で民間医療保険に入っている人々からさらにお金を徴収し、そのお金で無保険者を助けることを意味しています。

アメリカ国内で現在の医療保険制度を改革するべきか否かを問われると、大半の人が保険改革は必要だと答えます。しかし、ではあなた自身の医療を取り巻く状況に満足しているかと聞かれると、同じく大半の人が満足していると答えます。これは、医療保険改革については総論としては賛成するけれども、各論としては反対する、いうなれば、自らにさらなる負担が及ぶことになれば反対する人が多いことを示唆しています。このような状況で、オバマ政権はパブリック・オプション導入の可能性を最初模索したのですが、最終的にその試みは挫折しました。

†オバマケア

オバマケアは実際に法律として通過しました。既存の民間保険制度に依拠しながら、一部の例外を除く全てのアメリカ国民、及び合法的な居住者に医療保険への加入を義務付けるという内容です。なお、例外とされた人たちは、信仰上の理由で医療を受けることができない人たちなどです。こういう例外となる人を除いては、全ての人に医療保険の購入を義務付けることが、このオバマケア法案の中核を占めていました。

人々に医療保険への加入を義務付けることがそもそも可能かは議論がありますが、自動車に乗る時にシートベルトの着用を義務付けるのが可能なのと同じ理由で、医療保険加入の義務付けも可能だと考えられています。そして、医療保険加入の義務付けは、民間医療保険会社にとっては新たな市場が開拓されたことを意味しており、その観点から、従来医療保険制度改革に反対していた人々の賛成が得られたことが法案通過のポイントだったのです。

もちろん、中小企業が企業保険を提供するのが容易になったり、個人が比較的安価に保険に加入できたりするように、様々な措置もとられました。医療保険取引所を創設したり、低所得、中所得の人たちが保険に加入しやすいように税を控除したり、貧困者向けの公的医療保険制度であるメディケイドを拡張したり、民間保険会社に対する規制を強化したりするなど、様々な対策がオバマケア法案の中に含まれていました。

とはいえ、雇用を基礎として民間医療保険に入るという制度は、オバマケア以後も存続しました。ちなみに、医療保険が雇用と結びつく形で発達したということは、雇用に伴う差別、例えば人種や性差に基づく差別が医療保険にも反映されることを意味しており、その結果として、黒人や移民などマイノリティの加入率が低くなっているのが今日のアメリカの医療保険を取り巻く状況です。それが、医療保険制度の公的制度化への反対をさらに強める結果にもなっているといえるでしょう。

†拠出型と非拠出型

医療保険は、民間がサービスを主に提供している分野の話でした。これに対して、年金と公的扶助は政府が中心となって提供するサービスです。

ここで大きな問題になるのは、先ほどの税金に対する反発から考えればわかるように、納税者と受益者が一致しているか一致していないかということです。両者がかなりの程度一致しているのが年金、逆にほとんど一致していないのが公的扶助です。一般的に、社会福祉政策については、拠出型プログラムと、非拠出型プログラムという分類がなされます。拠出型プログラムというのは自分が払ったお金を返してもらうという側面が強い政策で、非拠出型というのは拠出の有無とは無関係に給付されるものです。

年金は、若い頃に自分で働いて社会保障税を払い、高齢になった時にそれを返してもらうというのが基本的なイメージなので、拠出型の典型例です。これに対して、公的扶助は、税金を払っているかどうかに関係なく貧しい人がもらうものなので、非拠出型の典型例です。アメリカでは、年金については制度的な安定性が高く、国民の中でも支持が高いですが、公的扶助については、国民の中で批判が非常に強いのが大きな特徴になっています。

†社会保障年金

アメリカの年金制度は二階建て構造になっています。一階部分は政府が提供している部分で、一九三五年の社会保障法によって制度化された社会保障年金と呼ばれるものです。この社会保障年金のもとになる社会保障税は、賃金から一定の割合が強制的に税金として徴収されます。これが高齢になった時に返ってくるので、いわば、政府によって強制的に貯蓄させられているというイメージになるでしょう。

ただ、この社会保障税を払った人は高齢になれば必ず年金がもらえるかというと、そうではありません。一〇年間、正確にいうと、一年を四つに分けた四半期を四〇回分労働して納税した人が、一定の年齢に達した場合にもらえるというのが年金のルールになっています。ですから、アメリカにやってきた移民が例えば八年間アメリカで働いて、その段階で仕事を辞めたとか、本国に帰ったということになれば、その人たちは一〇年間納税したわけではないので、八年分の納税があるといえども受給資格はないのです。

この一階部分については国民の中でもあまり批判は強くありません。給付額は現役時代に働いていた時の賃金に比例した水準で設定されているので、多く税を払った人は多くもらえるのが原則になっているからです。しかし、この保障水準は基礎的なものに限定されているので、一階部分単独で十分な退職後の所得になることはありません。

また、一階部分の支給金額を政治的に増減させることができない仕組みが導入されています。これは生活費調整（Cost Of Living Adjustment）という言葉の頭文字をとってCOLAと呼ばれています。どの国でも選挙で票を取ることを目的として、年金支給額を上げると主張する政治家がいますが、選挙ごとに支給額を上げることに年金制度上の合理性はありません。そこで、年金給付額は物価の変化に連動する比率で上下するように額が決められ、それを恣意的に操作することができないようにしています。政治家が選挙対策で恣意的な操作をすることができないのです。これが国民の中で、一階部分に対する信頼が高いことの背景にあります。

†企業年金

年金の二階部分は、一般的に企業年金と呼ばれているもので、雇用主が任意に導入するものです。あくまでも雇用主の任意に基づくものですから、雇用主が年金を提供しないという選択をすれば、この二階部分はないことになります。

一階部分が退職後の十分な所得保障にならないため、企業年金をできるだけ拡充しようとする企業の試みに、政府は積極的に協力しています。企業年金の大きな問題は、企業が破綻した場合に積み立てていた企業年金がもらえなくなる可能性があることです。そのような破綻リスクを政府が担保し、二階部分に対して人々の信頼を確保する構造になっています。

企業年金のあり方は各企業が自由に決めるため、様々なタイプがあります。かつては確定給付型が多かったのですが、最近は確定拠出型が多くなっています。確定給付型は給付の際にもらえる額が確定しているもので、確定拠出型は企業年金に支払う額が確定しているものです。確定拠出型は、拠出したお金の運用方法について企業がいくつかのプランを出し、労働者がいずれかを選択するのが一般的です。運用に失敗するリスクもありますが、その運用方法を労働者自身が選んだことになるわけです。近年では、転職する際にこの確定拠出型の部分を新しい雇用先に持ち込むことができるような仕組みも整えられるようになっています。確定拠出型が増えている背景には、自己責任の原則が重視されるようになっていることが挙げられます。

この二階建て構造になっている年金は、アメリカ国内でも支持が高く、また制度的な安定性も高いといわれています。

公的扶助

逆にアメリカの社会福祉政策の中で、国民の支持が低いのが公的扶助です。

日本とアメリカの公的扶助の大きな違いは、生存権の有無に関わっています。日本国憲法は二五条で「すべて国民は、健康で文化的な最低限度の生活を営む権利を有する」という生存権の規定を定めていますが、アメリカ合衆国憲法にはこのような規定は存在しません。連邦政府には国民の生存を保障する義務はないのです。

これが象徴的に表れているのが、アメリカの公的扶助プログラムの中で中核的な位置を占めている、一時的貧困家庭扶助（TANF）プログラムです。これは、個人責任就労機会調停法の中に含まれているプログラムです。この個人責任就労機会調停法は、一九三五年の社会保障法を代替して一九九六年に作られた法律で、自己責任を重視し就労機会を斡旋することが社会福祉プログラムの中核であることを示唆しています。

TANFには、大きく分けて三つの特徴があります。一つ目の特徴は受給期間制限です。このプログラムは継続して二年まで、そして一生涯で五年までしか受給できません。子どもの頃や青年時代に五年間このプログラムを受けたとすると、高齢で再び貧困に陥ったとしても受給できないのです。

二つ目の特徴はワークフェアと呼ばれるものです。労働＝ワークと、福祉＝ウェルフェアを足して作られた言葉です。これは福祉受給のための条件として労働、あるいは教育を受けることを義務化するものです。TANFの基本原則は、「まず貧困者は働いてある程度の賃金を得なさい。その賃金だけで生活できない場合に、援助しましょう」ということです。日本に「働かざる者食うべからず」という諺がありますが、ワークフェアの原則というのはまさに「働かざる者食うべからず」を体現したものであり、「衣食足りて礼節を知る」という考え方とは対極に位置するものといえます。

†州政府の役割増大

三つ目の特徴は、州政府の役割です。以前の社会保障法のプログラムでも、基本的にどの貧困者に福祉を提供するかを決めるのは州政府の役割でした。州政府が給付対象者を比較的自由に決めることができ、それに必要な費用は、その一定割合を州政府が独自に支出する必要はありますが、残りの金額は連邦政府に申請すれば連邦政府から払われることになっていました。

しかし、TANFの下では、毎年、連邦政府が州政府に対して一括補助金という形で一定金額を払います。州政府は連邦政府から受け取ったお金をどのように使うかを決定するのです。いかに州内で貧困者が増大したとしても、連邦からの補助金が増額されることはありません。その代わり、連邦政府から払われたお金がもし使い切らずに残った場合には、州政府が自由に使ってよいことになっています。公的扶助を積極的に提供せずにお金を残せば、州政府はそれを他の目的のために使うことができるのです。

このような形で州政府の自律性と権限が増大したことには、様々な意味があります。連邦政府の政治家からしてみれば、貧困者からの不満が自分たちのところに向かいにくくなったといえるかもしれません。給付を得ることができなかった貧困者が不満を述べた場合でも、誰にどのような給付をするかを決めるのは州政府の役割だと主張することができるからです。支出削減をしなければならない時に、中央政府が分権改革を行って、権限を移譲するという名目で地方に負担を押し付けるのは世界的にみられる傾向かもしれませんが、TANFにもその側面はあるといえるでしょう。

州政府からすると、権限を移譲されたこと、残った予算を自由に活用できるようになったことは、好ましいことかもしれません。ただし、これはできる限り福祉の水準を切り下げていこうとする底辺への競争と呼ばれる現象を誘発する可能性を秘めています。実際に底辺への競争が起こっているかは評価の難しい点ですが、水準を切り下げる方が合理的だという意識が政策決定者の間で強くなることが及ぼす影響はあると考えられます。

†勤労税額控除とNPOの役割

TANF以外の公的扶助として、ある程度働いても収入が少ない人に対しては税金を返すという勤労税額控除（EITC）というプログラムなどもあります。これも、勤労を前提とした生活保障プログラムである点が興味深いといえます。

近年では、政府による現金給付の枠から溢れてしまった人たちを助けるために、NPOに積極的な役割が期待されるようになっています。ただし、都市部と郊外で状況が違うという問題があります。伝統的に貧困者は都市部に多く居住しており、NPOも都市部に多く存在するため、都市部の貧困者に対する援助が行われる可能性は高いです。しかし、郊外は比較的豊かな人が住むことが多かったためにNPOがない場合も多く、郊外に居住している貧困者に対する援助が行いにくいのです。サブプライムローンの問題が発生する前に、そのローンを利用して郊外に家を買った人が多くいました。しかし、サブプライムローン問題発生後に家や車のローンを払えなくなった場合も多く、彼らをどのようにして救済すべきかが大問題となりました。

この状況を改善するため、共和党は教会が福祉サービスを提供できるよう、教会に対して連邦政府が補助金を提供できる仕組みを導入しようと試みたりもしています。教会はどのような地域にもあるので一面では合理的な策だといえますが、第八章で説明するように、様々な宗教団体が共和党の有力な支持基盤となっていることを考えると、この提案に政治的意図が含まれているのは明らかです。この是非は議論の分かれるところでしょう。

4　通商政策と社会福祉政策

†自由貿易に対する懐疑

先ほど、グローバル化が進展すると、世界規模では平等化がもたらされ、先進国の内部では格差が発生すると指摘しました。これは、自由貿易を推進すると、新興国では国民が豊かになる可能性が高いものの、先進国では中間層の地位が低下する可能性を秘めていることを意味しています。

近年アメリカでは自由貿易に対する不満が強まっています。二〇一六年の大統領選挙でも、ＮＡＦＴＡやＴＰＰが大きな争点となりました。第二次世界大戦後のアメリカは自由貿易を積極的に推進してきましたが、世論調査結果をみてみると、アメリカは先進国の中でも自由貿易に対する不満が最も強い国となっています。

経済学の理論からすると、自由貿易は国全体の富を増大させます。いわゆる比較生産費説を思い浮かべていただければわかりやすいかと思います。しかし、自由化の度合いが高くなるにつれて、さらなる自由化を行ってもそれによってもたらされるメリットが低下するのも事実です。保護関税が高かった国が関税率を低くすれば、物が安くなるので、国民が豊かになる可能性があります。しかし、すでに自由化の度合いが高く、関税の低い国が、さらに関税を低くしたとしても、経済的なメリットはあまり大きくならないのです。

また、貿易自由化を推進して国全体の富が増大したとしても、得られた富をどのように分配するかという問題が発生します。利益を受ける産業と不利益を被る産業が明確になり、その間の調整が大きな問題になるのです。仮に不利益を被る産業に対する補塡を行わなければならないとするならば、自由化がもたらすメリットをその調整コストが上回る可能性もあるかもしれません。

もちろん、近年の自由貿易協定（ＦＴＡ）は単に関税の問題を扱うだけではなく、知的財産権の問題や環境・労働規制など、様々な規則を定めることに主眼があるのですが、一般有権者にはその重要性は理解しにくいため、経済面についての認識が強くなってしまいます。ゆえに、貿易自由化がすでに進展している国の方が、自由貿易に対する反発、猜疑心が強くなるのは、ある意味当然のことかもしれません。

ＴＰＰをめぐる議論の中で大きく問題となったのは、貿易調整支援（ＴＡＡ）と呼ばれるものです。自由貿易を推進すると、アメリカの製造業の労働者が途上国に優位を取られてしまい、失業する可能性が高くなります。これら製造業者に対する支援をどうするかを扱っているのがＴＡＡです。

共和党はそのような支援はしたくないと考えてきました。伝統的には製造業者は民主党を支持する傾向が強かったからです。共和党の支持基盤である農家に対しては様々なプログラムで支援するものの、製造業者に対する支援はしたくないというのが共和党の立場でした。それに対して、民主党は、自由貿易を推進し、ＴＰＰを実現するための条件としてＴＡＡの実現を要求していました。共和党は自由貿易については賛成しても、ＴＡＡについては反対する傾向があったために、ＴＰＰをめぐる議論は袋小路に陥ってしまったのです。

しかしながら、二〇一六年の大統領選挙では、従来民主党に投票していた製造業者は共和党のトランプに投票しました。トランプはＴＰＰに反対する姿勢を示していたからです。

しかし、先ほど言及したように、近年のＦＴＡは単に関税率を下げることだけではなく、多くの国に知的財産権を守らせたり、途上国に環境規制や労働者保護を行わせようというルールの制定に関する側面を強く持っているので、ＦＴＡは途上国での過剰に安価な物品の製造を抑制する可能性も高く、先進国に有利な面もあるのです。

このように考えると、ＦＴＡを単に経済的な観点からのみ捉えようとするのには問題があります。以後は、様々な規則を含むＦＴＡを推進することが重要になりますが、それを可能にするためには、国内では社会保障政策と連携させて議論することが必要になるでしょう。これは、アメリカのみならず、今後の日本の通商政策を考える上でも重要な視点です。

このようにアメリカの社会福祉政策は非常に複雑な入り組んだ性格を持っており、日本の制度とはかなり性格を異にしています。しかし、そうであるがゆえに、日本の福祉政策のあり方を考える上では、斬新なアイディアを提供しているともいえるのではないでしょうか。

第八章

文化戦争の諸相

ニューメキシコ州、中絶手術を行う診療所が開院する建物の前で、中絶反対のプラカードを掲げるカトリック系団体のメンバー（毎日新聞社）

1　社会的争点と裁判所の政治的役割

†社会的争点の重要性

アメリカでは、社会的な問題も政治において重要な争点となっています。人工妊娠中絶や同性婚の是非、銃規制問題など、人々のライフスタイルやモラルと関わりの深い問題が、大統領選挙の際などに大争点になるのがアメリカの特徴です。

公民権運動の時代を経て、一九六〇年代にニューレフトと呼ばれるリベラル派が登場しました。彼らが伝統的な価値観とは異なる新たな価値観を提起し始めると、社会問題に関する論争がより活発に行われるようになり、一九九〇年代には文化戦争という表現が使われるようになりました。

もちろん、ライフスタイルやモラルに関わる問題が政治争点となるのは新しい現象ではありません。それまでも、例えば一九二〇年には禁酒法を認めるために合衆国憲法が改正されるということまで起こりました。このような問題が大争点となり、選挙結果を左右するのがアメリカ政治の興味深い特徴です。

†裁判所の政治的役割

文化戦争をめぐる問題を考える上で重要なのは、アメリカの政治では裁判所が極めて大きな役割を果たしていることです。これは、日本と顕著に異なっている点です。

日本の場合、裁判所は基本的に政治的な争いから距離を置き、中立の立場で正義を実現する機関であるという認識が強いといえます。日本では、多くの人の政治的見解が対立している争点については、裁判所ではなく議会が判断するのが適切だと考えられています。日本の裁判所は政治的見解が分かれる問題については判断を避ける傾向が強いですが、アメリカは違います。様々な議論があって議会で決定することが困難であるがゆえにこそ、裁判所が判断する必要があるという考えが強いのです。

アメリカの場合は、裁判所が統治機構の一つとして位置づけられており、政治的役割を果たすのが当然だと考えられています。裁判所の政治的性格の強さは、判事の任命方式の違いにも顕著に表れています。日本の場合、最高裁判所の判事は首相によって任命され、衆議院議員選挙に付随して行われる国民審査を受けることになっています。その他の裁判官についてては、資格任用制に基づいて任命されており、政治色がほとんどないのが日本の裁判官の特徴です。

これに対してアメリカの場合は、州のレベルでも連邦のレベルでも、裁判所の判事は非常に政治的に任命されています。例えば州の場合、多くの判事は選挙で選ばれるか、知事によって任命されます。連邦制を採用するアメリカでは、連邦と州の両方に裁判所があります。訴訟の大半が州の裁判所で行われているため、どのような人物を判事として選ぶかは、非常に重要な意味を持っています。

よく知られているのが、二〇〇〇年に行われた、アラバマ州の最高裁判所首席判事の選挙です。この選挙でロイ・ムーア候補（二〇一七年の連邦上院議員選挙の補欠選挙でアラバマ州の共和党候補になった人物）は、首席判事になれば、アラバマ州の裁判所の中にモーゼの十戒の石碑を立てることを公約し、当選しました。これは日本では起こりえない現象だといえるでしょう。

†連邦判事の任命

連邦の裁判所の判事は、大統領が指名し、連邦議会上院の司法委員会でその適性が検討され、最終的に連邦議会上院の過半数の承認を経て任命されます。この任命プロセスは九名の判事からなる連邦最高裁判所だけでなく、第一審を判定する連邦地方裁判所、第二審を扱う巡回控訴裁判所の判事についても同じです。

連邦の判事の任期は終身であり、自分から辞めるか死亡しない限りは、ずっと仕事を続けることができます。大統領の任期は、通例四年か八年、最高でも一〇年です。八年より長い任期は、大統領が死亡して副大統領が残りの任期を受け継いだ場合に起こりえます。残任期間が二年未満の場合は、その人物は選挙で勝利すればさらに二期八年大統領を務めることが可能になるからです。

大統領の在任期間は長くてもその程度ですから、自らの影響をアメリカ政治で長く残したいと考える大統領は、イデオロギー的立場の近い人物を連邦判事に任命しようとします。その人が死ぬまで、自分の影響を残すことができると考えるからです。ですから、争点を重視する大統領にとっては、どのような裁判官を任命するかは非常に重要です。

このことは、大統領選挙にも大きな影響を及ぼします。例えば、大統領候補が当選したあかつきに連邦の裁判所判事に指名する人物のリストを提示しているような場合、大統領候補のことは嫌いであっても、その判事を指名させるためにその大統領候補者に投票することが起こりえます。二〇一六年大統領選挙で、共和党支持者の間でも個人としての評判が低かったドナルド・トランプが本選挙では多くの票を獲得したのは、このような事情によります。日本の前提では考えにくいことです。

†裁判所の政治的活用

裁判所が政治的な役割を果たすという事実は、日本とアメリカの統治機構の性格の違いを反映しているといえます。政治家が作る法律は、意味が不明確な場合や、同じ法律であっても州ごとに解釈が違っている場合があります。もし日本でそのようなことが起こった場合、その解釈を統一するのは役人です。しかし、アメリカの場合は、建国期以来官僚制が発達せず、役人の威信が低いこともあって、役人がそのような役割を果たすことができません。法律の解釈を統一する役割は裁判所が担わざるを得ないのです。

それ以外にも、アメリカの場合はマイノリティの利益関心を実現する観点から、裁判所が重要な役割を果たすのが当然であるとの考え方が強くなっています。民主政治の基本原則として多数決原理が支持されるとすれば、マイノリティの利益関心は実現されにくくなります。そのような場合に、マイノリティが自分たちの利益関心について、これは憲法あるいは他の法律から導かれる権利だと主張して裁判所に訴えるのです。そして実際に裁判所がその趣旨の判決を下すと、マイノリティが主張していた要求は、単なる利益関心ではなく、権利としての地位を獲得することができるのです。権利は、他に多少の犠牲を払ったとしても必ず実現しなくてはならないと考えられるものですので、裁判所で権利性が認められることになれば、非常に大きな意味を持ちます。

政治的見解の分かれる文化的争点を重視したいと考える人々が裁判所を文化戦争の主戦場と位置づける背景には、このようなアメリカの裁判所の特徴があるのです。

2　宗教とモラル

†宗教の重要性

文化戦争の中でもとりわけ注目を集めるのが、宗教とモラルの問題です。

宗教社会学の研究では、近代化が進展すれば宗教的な争点は徐々に後景に退いていくと長らく主張されていました。同時に、アメリカはその例外であるともいわれていました。

世界で最も近代化が進んでいるアメリカで宗教問題をめぐって論争が活発に行われているのはおかしいと考えられていたのです。

しかし、最近では、近代化と世俗化が同時並行的に進んだのはヨーロッパだけであり、近代化が進展したとしても宗教的な争点は重要性を損なわれないと考えられるようになっています。これは、アメリカのみならず中東地域などの問題を考える上でも重要な視点でしょう。その意味で、アメリカの宗教をめぐる問題を検討することには意味があります。

†政教分離

アメリカの宗教と政治の関係について多くの人が違和感を覚えるのは、政教分離に関することかもしれません。例えば大統領就任式では、大統領は聖書の上に手を置いて、就任を宣言します。また、大統領など主要な政治家は重要な演説の後には「あなたに、そしてアメリカに神の御加護あれ」というのが一般的です。さらに、アメリカの紙幣には、「我々は神を信じる」という意味の言葉が印刷されています。これは日本的な観念からすると、明らかに政教分離の原則に違反していると考えられます。しかし、これはアメリカ的な政教分離の原則には反していないと捉えられるのです。

アメリカで政教分離を規定しているのは合衆国憲法の修正第一条です。そこでは、「連邦議会は、国教を樹立し、あるいは信教上の自由な実践を禁止する法律を制定してはならない」と定めています。つまり、もし大統領が演説の後に神の御加護あれといってはならないとの法律を連邦議会が作ったとすれば、むしろその法律の方がこの合衆国憲法修正第一条に違反している可能性があるのです。大統領がそのような発言をすれば無神論者に不快感を抱かせるので政治的に正しくないという議論はあるかもしれませんが、それはあくまでも政治的妥当性の問題で、憲法上の問題ではありません。

ライシテと呼ばれるフランスの政教分離原則は、公的な空間から宗教色を一切排除することです。公共空間でイスラム教徒がブルカやベールを被ると問題にされることがあります。同じ政教分離といってもアメリカとフランスで大きく違うように、国によってその意味合いが違うのです。

†宗教の多様性と選択

では、アメリカで宗教的な問題がなぜ大きな争点になってきたのでしょうか。アメリカの宗教的な多様性が非常に高いことが、その重要な要因となっています。

多くの国では、宗教の多様性はさほどありません。ヨーロッパでは、この国はカソリックの国、この国はルター派の国といえるだけの傾向が顕著です。例えばカソリックが主流の国で、なぜあなたはカソリックなのかと聞かれると、両親がカソリックの信者だから当然だと答える人が多いはずです。多くの国では、宗教は親から子どもに自然に受け継がれるのが一般的なのです。

しかし、アメリカの場合は、様々な地域から多様な移民が流入したことに伴い、国内に多様な宗教を信仰している人たちが居住しています。もちろん、アメリカではキリスト教徒が多いのですが、その内部の多様性が高いのです。その多様な宗教的背景を持つ人たちがお互いに結婚することがあります。そうなるとその子どもは、自分の信仰をどうするのかという問題を抱えます。

父親がカソリックであり、母親がルター派であるというような場合、子どもはカソリックになるべきなのか、ルター派になるべきなのか、それについての決まりはなく、子どもは自分でどの教会に属するかを決めなければいけません。場合によっては、他の教会に属したり、他の宗教を信仰したりする可能性もあるかもしれません。要するに、アメリカでは、信仰も自らが選び取らなければならないのです。ここがヨーロッパ諸国と大きく違う点です。

しかし、信仰は、神が自らの存在を定めてくれるものであるというのが根本にあり、宗教を自分の判断で選ぶのは本来おかしな話だということもできます。アメリカの場合は、そのおかしな状況に追い込まれてしまうがゆえに、自らの信仰が真正なものであると示そうと、宗教の教義に対して厳格な立場で臨む人たちが存在します。この傾向はとりわけプロテスタントの中で顕著です。

†プロテスタントの分裂

プロテスタントの中にはルター派やカルヴァン派など様々な教会や教派が存在しますが、アメリカではそれらの分類とは別に、プロテスタントを大きく三つに分けて議論するのが一般的です。その三つは、主流派、原理主義派、そして黒人教会と呼ばれるものです。この三つの区分に人種問題が密接に関わっているのがアメリカの面白いところです（表3）。

黒人教会が人種問題と関わっているのはいうまでもないでしょう。マーティン・ルーサー・キング・Jr.に代表されるような立場です。奴隷制の時代からアメリカの黒人は宗教活動だけは自由に行うことが認められていたため、黒人の間で独自の信仰形態が発達しまし

キリスト教徒		70.60%
プロテスタント	福音派	25.40%
	主流派	14.70%
	黒人教会	6.50%
カソリック		20.80%
モルモン		1.60%
正教		0.50%
エホバの証人		0.80%
キリスト教以外の信仰		
ユダヤ教徒		1.90%
イスラム教徒		0.90%
仏教徒		0.70%
ヒンズー教徒		0.70%
他の世界宗教		0.30%
その他		1.50%
信仰なし		22.80%
無神論者		3.10%
不可知論者		4.00%

表3　アメリカの宗教構成
（出典）http://www.pewforum.org/religious-landscape-study/

た。それが今日の黒人教会につながっているといわれています。

黒人教会以外の、主に白人を対象とする教会の間にも、主流派と原理主義派の対立があります。主流派は、隣人愛や慈善活動を重視する立場であり、困っている人たちを助けようとするのが典型的な行動パターンです。しかし、この隣人愛や慈善活動をアメリカで実践しようとすると、困難な問題に直面する可能性がありました。隣人愛、慈善活動に真剣に取り組もうとするならば、奴隷として処遇されている黒人にどのように接すればいいのかという問題に関わってしまうからです。

そのため南部では、この問題を回避するための考え方が生まれました。信仰は慈善活動ではなく自らと神との関わりを中核に据えるべきであり、宗教的回心と呼ばれる経験を重視すべきだという考えです。この宗教的回心とは、英語ではボーン・アゲインといいますが、神と霊的に交わることによって、真面目なキリスト信徒として生まれ変わるという、生まれ変わり経験です。アメリカではこの回心の経験をした人は国民の三分の一ほどといわれています。

この人たちは、聖書に書かれているのは全て神の言葉であり、真実であるとみなす傾向があります。聖書、とりわけ旧約聖書をみていくと、海が分かれて道ができたというような、科学的に証明するのが難しそうな事柄が出てきます。また、相互に矛盾しているように見える部分もあります。しかし、彼らの解釈では、聖書の言葉は神の言葉であるので、間違っていたり矛盾したりするわけはありません。間違ったり矛盾したりしているように見えるならば、それは人間の理性の限界を示しているのであって、神の中では矛盾していないということになります。このような立場をとる人たちのことを原理主義派と呼びます。そして、この原理主義派の中で政治活動に関心を持っている人たちのことを、福音派（エヴァンジェリカル）と呼びます。もっとも、これらの言葉の使い方は多様で、論者や文脈によって異なる可能性があることには注意する必要があります。

原理主義派が重視する争点のうち、進化論、人工妊娠中絶、同性愛の三つを紹介しましょう。

†進化論と人工妊娠中絶

まず一つ目の進化論です。人間はサルから進化していったというダーウィンの進化論は、日本では生物の教科書などで記され、日本国民の大半が信じていると思われます。しかしアメリカの場合は、この進化論を信じているのは人口の六割ほどにすぎません（調査によってはもっと低いこともあります）。四割近くの人が進化論を信じていない理由は、旧約聖書の創世記に、人間はアダムとイヴの子孫であるという記述があるからです。人間はアダムとイヴの子孫だという記述と、人間はもともとサルだったという進化論は矛盾するので、聖書の方が正しいと考えるのです。

このため、アメリカの選挙では、進化論が大きな争点になることがあります。学校区の選挙では、自分が校長になった場合、進化論について記した教科書を使わないとの公約を掲げて立候補する人がいます。州レベルでも、州知事選挙において、自分が州知事になれば進化論を公立学校では教えさせませんと公約して立候補する人がいます。そこまでいかなくても、自分が当選した場合には、進化論はあくまでも一つの仮説にすぎず、その正しさが科学的に証明されているわけではないという記述を教科書に盛り込む、あるいはそのように記したプリントを教科書に必ず挟んで販売すると公約したりします。

日本では、宗教の問題と生物学の教育の問題は別問題だと捉えるのが一般的かと思います。アメリカでは全く状況が異なるのは、興味深いところです。

二つ目は人工妊娠中絶です。旧約聖書のモーゼの十戒に「汝殺すなかれ」と定められている上に、神が「産めよ、増えよ」と子どもを産み増やすよう述べている記述があることから、人工妊娠中絶を神が禁じているという解釈が主張されています。

アメリカでは人工妊娠中絶をめぐって、プロチョイス、プロライフと呼ばれる二つの立場があります。プロチョイス（選択重視派）というのは、子どもを妊娠した女性の選択を重視する立場です。その人が中絶を希望するならばそれを認めることになるので、中絶容認派です。この立場はアメリカ国民の五割強を占めているといわれます。逆に、プロライフ（生命重視派）は、一般には胎児の生命を守るための立場と考えられています。生命を重視することだけを考えるならば、子どもを産むことで母体に危険が及ぶ場合などには中絶を認めてよいのではないかとも考えられますが、一般的にはプロライフとは中絶反対の

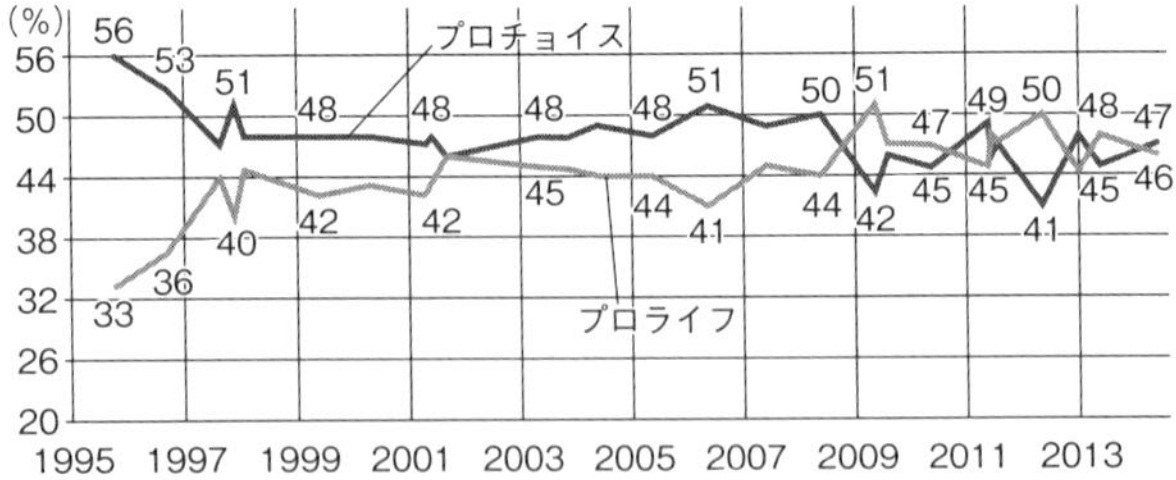

図15　人工妊娠中絶に対する態度
GALLUP

立場を指すものと理解されています。この立場の人は、人口の四割程度であるといわれています（図15）。

アメリカでは一九七三年に出されたロウ対ウェイド判決で、人工妊娠中絶は基本的に容認されました。これは女性の妊娠期を大きく三つに分けて、最初の三分の一では人工妊娠中絶を認め、最後の三分の一では原則として認めない、間の三分の一では個別の判断により認めるという判決を下したものです。プロチョイス派の人たちは、ロウ対ウェイド判決の撤回を目指しています。そうであるがゆえに、連邦最高裁判所の判事を任命する権限を持つ大統領に誰を選ぶかが重要な問題となるのです。

†同性愛、同性婚

三つ目は同性愛と同性婚の問題です。旧約聖書の中に、ソドムと呼ばれる街に不自然な性行為を行う者がいて、その街が神の怒りを買って焼き滅ぼされたという記述があります。その記述を根拠に、同性愛、同性婚を神は認めていない、我々も認めてはならないという主張がなされています。

この同性愛、同性婚をめぐっては、アメリカではしばしば政治問題になっています。例えば、ビル・クリントンが大統領になった一年目に、同性愛者が軍に入隊することを認める大統領令を出したことは、大きな議論を巻き起こすきっかけになりました。

それ以降も同性愛者の権利を拡充しようという動きはしばしばみられ、同性愛者の結婚は認めないまでも、同性パートナーが結婚に類する法的権利を獲得できるように、シビル・ユニオンという契約を認めようという動きが色々な地域でみられるようになりました。アメリカの場合、家族でない限り入院時のお見舞いも認めない病院があったりするので、日本以上に同性愛者の法的な権利を実現することが重要だと考えられていました。そして、二〇一〇年頃を境に、世論も同性婚を徐々に支持するようになっていきました（もっとも、図16に表れているように、民主党支持者と共和党支持者の間で見解は分かれています）。

この状況の中、二〇一五年に連邦最高裁判所はオバーゲフェル判決と呼ばれる判決を出し、同性婚を容認すると宣言しました。これを受けて、アメリカの各地で同性愛者のシンボルカラーである虹色の旗が掲げられたり、ホワイトハウスが虹色にライトアップされたりました。

この判決は、キリスト教右派である原理主義派の影響力低下を反映していると考える人もいるかもしれません。ただし、実はこのオバーゲフェル判決は、評価、解釈が難しいところがあります。この判決は、同性愛者の尊厳を認めた進歩的な判決なのか、それとも家族制度の存続を狙う保守的な判決なのか、その点で議論が分かれているのです。

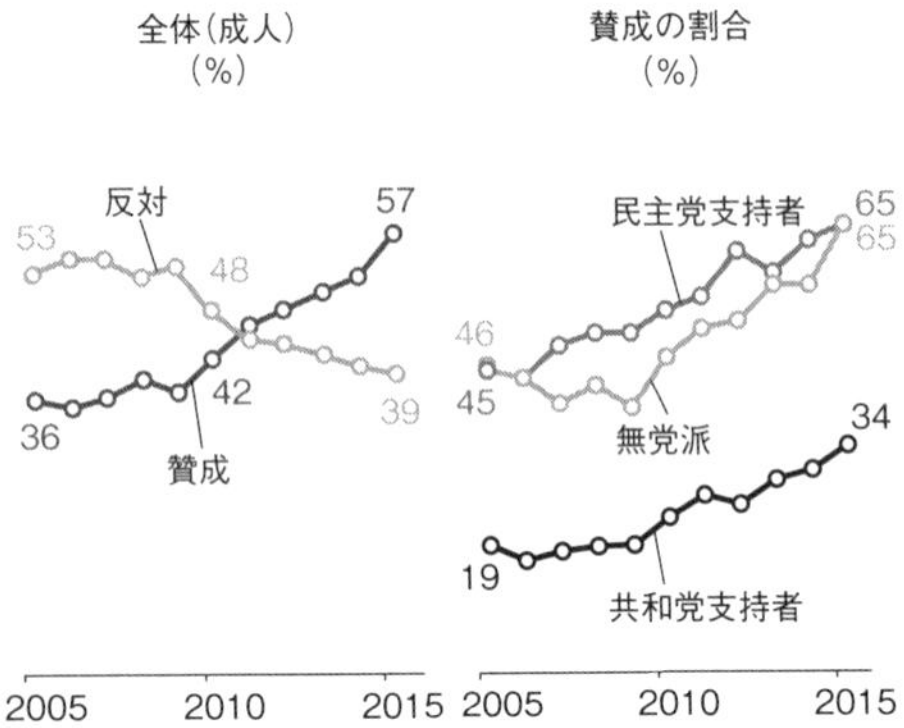

図16　同性婚に対する態度
PEW RESEARCH CENTER, Survey conducted May 12-18, 2015.

ジェンダーの問題については、LGBTQという表現がしばしば使われます。この中のQ、クィアと呼ばれる理論的な立場が、最近注目を集めています。この立場によれば、家族というのは人々の自己決定を制約する、好ましくない保守的な制度だと考えられています。

これに対し、宗教右派は家族の価値の重要性を昔から強く主張しています。性や家族に対する規範が流動的になり、家族の重要性を重視しない人が徐々に増えていく中で、同性愛者は家族を持ちたいと強調していました。そのため、このオバーゲフェル判決は、保守的な家族制度の存続を目指す人たちが、同性婚を認めてもらいたい同性愛者を利用することによって、その目的を達成しようとしたのだという議論がなされることもあります。この判決文を書いたケネディ判事は、中道派であるとはいえ保守寄りの人であり、判決文の中でも家族の重要性が強調されています。

日本でも、同性婚や夫婦別姓について論じられる場合に、家族の問題との関わりが大きな争点となります。日本の場合はアメリカと比べると宗教問題としての位置付けがされにくい傾向があるように思いますが、アメリカで行われている議論と類似性を見出すこともできるかもしれません。

3　銃規制

†銃規制が進まないのはなぜか

アメリカではしばしば銃乱射事件が起こっています。アメリカ国内には現在三億丁を超える銃が存在し、二〇一〇年には銃に関連する理由で三万人以上が死亡しました。銃に起因する事故への対応に要した医療費のために投入された税金は五億ドルを超えるといわれます。

頻繁に銃乱射事件が発生することを考えると、アメリカでは銃規制に賛成する声が強くなるのではないかと思う人もいるかもしれません。実際、アメリカ国民の大半が穏健な銃の規制に賛成しています。例えば、二〇一七年の世論調査では、八九%が精神障害者の銃器購入を規制すべきであると主張していますし、八四%が銃の個人間売買に際して購入者の身元調査を行うべきだと主張しています。そうであるにもかかわらず、アメリカでは銃規制が進んでいません。

アメリカの銃規制に関しては、いくつも興味深い現象が発生しています。アメリカは、製造物責任が非常に強く問われる国です。例えば、子どもが遊ぶゴム鉄砲で誰かが負傷すれば、巨額の損害賠償請求が認められる可能性があります。しかし、本物の銃の暴発事故などによって誰かが負傷した場合には、基本的には損害賠償請求ができないように法律で定められています。

†建国の理念と反政府の伝統

アメリカで銃規制が進まない理由として何があるのか、三つの点を指摘していきます。

一つ目は、建国の理念と反政府の伝統が存在するということです。アメリカで銃所有の権利を認める根拠とされているのは、合衆国憲法の修正第二条です。「規律ある民兵は、自由な国家の安全にとって必要であるから、人民が武器を所有しまた携帯する権利は侵してはならない」と規定されています。

この条文が民兵に言及しているのは、今日からすると時代錯誤だと思う人もいるかもしれません。しかし、アメリカでは、民兵は非常に大きな象徴的意味を持つ存在でした。民兵の経験は人が自立した成人になる上で重要であると伝統的に考えられており、民兵としての自覚を持つ人は、圧政から共同体を守り、共通善を維持、発展させることができると考えられてきたのです。

今日のアメリカでも、政府が暴力を独占してしまえばその暴力を国民に向けるようになってしまうという危惧から、銃所有の重要性を強調する人々が存在します。この圧政の可能性への抵抗や政府に対する不信の強さは、先進国の中でもアメリカに特有のものかもしれません。

政府に対する不信がアメリカで強いことは、銃に関する世論調査の結果から読み取ることができます。先ほど紹介したのとは別の調査で、銃購入希望者の身元調査をするべきかと質問した際、八三%の人がすべきだと回答しています。しかし、同じ調査で同じ人に対して、連邦議会上院がそのような法律を通すべきかと問うと、その支持率は二〇%も下がります。これは連邦政府に対する警戒感がアメリカで強いことを端的に示しています。

アメリカでは、反政府の考え方とは別に、公共の利益を守るために市民が能動的に活動することが必要だという発想も非常に強く、民兵と銃はそれを象徴するものと位置づけられています。例えば、メキシコからの不法移民からアメリカを守ると称して、米墨国境地帯で民兵団を組織している人たちがいます。このような活動をする人々は、その目的を達成するために政府が十分な役割を果たすことができていないので、政府の役割を補完するために活動するのだと主張しているのです。

†都市と農村の対立

アメリカで銃規制が進まない理由の二つ目として、銃規制に対する都市と農村の認識の違いの問題があります。アメリカの都市部は人口が多いこともあり、銃乱射事件が起こると大きな犠牲が出ます。そのため、銃規制をするべきだという議論はかなり強くなっています。

しかし、農村地帯では銃規制に反対する人が非常に多いのです。アメリカの農村地帯は人口密度が低く、隣の家まで車で数十分かかるようなところも多く存在します。このようなところで、もし自宅に犯罪者が侵入したり、犯罪者と出会ったりすることがあっても、警察はなかなか来てくれません。都市部であれば犯罪者に会った場合、日本の一一〇番に当たる九一一通報をすれば直ちに警察が来てくれるのとは対照的です。それを踏まえると、農村の人たちが自衛への強い意識を持っているのはある意味当然です。

銃規制支持派と反対派はともに様々な根拠を出して論争しますが、都市と農村の対立は犯罪統計を解釈する上でも非常に難しい問題を提起しています。人口当たりの銃の数が多い農村地帯では銃による犠牲者が少なく、人口当たりの銃の数が少ない都市部の方が銃犯罪が多いためです。これは銃乱射事件が都市部でより頻繁に発生していることの結果なのですが、統計的には、銃の数が多い地域の方が銃犯罪は少ないという関係を見出すことができるのです。その結果、より多くの人が銃を持てば銃犯罪は減るのではないかという議論がなされるようになります。例えば小学校で銃乱射事件が起こった場合、学校で銃を持っている人がいれば銃乱射事件は防ぐことができたのではないか、だから公立学校にも銃を持っていけるようにしようという議論が出されたりします。

銃規制をめぐる都市と農村の対立は、都市部を基盤とする民主党、農村部を基盤とする共和党の対立とも相まって非常に複雑になっています。

†全米ライフル協会（NRA）

アメリカで銃規制が進まない三つ目の理由として、銃規制反対派の政治力の強さを指摘することができます。その中でもとりわけ注目を集めているのが全米ライフル協会（NRA）と呼ばれる、個人の銃所有の権利を擁護する団体です。

NRAは、「人を殺すのは人であって銃ではない」ということをスローガンに掲げており、今日では公称五〇〇万人という膨大な数の会員と圧倒的な資金力を持ち、全米最強のロビー集団の一つであると評されます。

このNRAが大きな政治力を持つことができる背景の一つとして、その政策上の立場が強硬ながらも現実主義的であることが挙げられます。NRAは銃規制強化には反対しますが、銃に関する既存の法規については遵守することを重要な原則として掲げています。そのため、現職政治家と協力することが可能であることが大きな意味を持っています。

さらにNRAは、連邦、州、地方の各レベルで組織を整備しているため、もしどこかのレベルで銃規制を行おうとする動きがみられた場合は、その情報をその組織を通して各地に伝達することができます。立法化や訴訟の試みがなされたとしても、即座に組織的に対応することが可能なところがNRAの強さなのです。

NRAの選挙支援策の巧みさも、NRAの政治力を強めています。日本ではNRAは共和党の支持母体であるとしばしば紹介されますが、実際にはNRAが行っている献金の二割は民主党系の政治家に提供されています。NRAは現職候補がNRAの方針を全面的に支持している場合には、党派にかかわらずその候補を支持するのです。それに対して、現職候補がＮＲＡの方針に反する行動をとった場合には、懲罰としてその対立候補を支持します。これがＮＲＡの基本方針なのです。

銃規制を信念として推進する立場をとっている候補者の行動をＮＲＡが変えるのは容易ではありません。しかし、銃規制にほとんど関心のない候補者にとってみれば、ＮＲＡの方針に賛成すると宣言しさえすれば、ＮＲＡは選挙協力してくれることになるので、銃規制に反対する立場をとるのが合理的になるのです。

これに対し、銃規制を推進しようとする立場の人も当然ながら存在しますが、その人たちの影響力は弱いです。銃犯罪の被害にあう人たちは都市の貧困層が多く、彼らは銃規制を推進するための資金や時間を提供する余裕がないのです。もちろん、元ニューヨーク市長のマイケル・ブルムバーグのような大富豪が銃規制を推進するために私財を投入することはありますが、銃規制推進派団体は特定の個人の資金力に依存しすぎているのが現状です。また、ＮＲＡと違い組織力を持っていません。これが銃規制が推進されにくい大きな背景になっています。

これら三つの要因の他にも、銃規制反対派は様々な論拠を上げています。例えば、銃がなければ力の劣る者は力のある者に対抗することができないが、銃があれば力のある者も力の点で劣る人のいうことを聞く、とか、人々は失礼な発言をして撃たれたりしてはいけないと考えることから銃のある社会では人々は礼節を守るようになるというような議論です。このように、アメリカの銃の問題は、アメリカ社会が抱えている問題点、矛盾点を顕著に示しており、非常に興味深いといえるでしょう。

あとがき

近年、大学の教員にも社会貢献が求められるようになっています。大学教員の中には一般読者を対象とする仕事を嫌う人もいますが、研究者によって積み重ねられてきた専門的な学術研究の成果を社会に還元せずにいるのはあまりにも惜しいことです。本書は、政治学者やアメリカ研究者が行ってきた興味深い議論を、できる限りわかりやすい形で説明することによって、学問の裾野を広げようとする試みです。

まずは、筆者がこれまでに加えていただいた様々な研究プロジェクトのメンバーの皆様、そして、研究を可能とするための環境を整えてくださった皆様にお礼を申し上げたいと思います。その全てを列挙するのは不可能ですが、現在筆者が加わっている科学研究費助成事業（16K03485、26245016、26245016、16H03576、17H02477）で代表者を務めてくださっている、飯田文雄、大西裕、水島治郎、高端正幸の各先生方には、貴重な機会を与えていただきました。東京財団、笹川平和財団、日本国際問題研究所、アジア太平洋研究所、二一世紀政策研究所などのシンクタンクのプロジェクトでお世話になっている久保文明先生や大矢根聡先生にもお礼を申し上げます。『知的公共圏の復権の試み』プロジェクトで共編者に筆者を加えてくださった故高野清弘先生、土佐和生先生にも、お世話になりました。その他、成蹊大学法学部の先生方、アメリカ学会や日本比較政治学会でお世話になっている先生方などからも、多大なる御恩をいただいています。

本書の内容が一般読者の方にも興味深くなっているとするならば、それは筆者に様々な機会を提供してくださった皆様、そして、本書の作成に協力してくれた多くの仲間のおかげです。

一般読者向けの仕事をすることの重要性を再認識させてくださったのは、ジャーナリストの松尾文夫先生です。二〇一六年の九月に、アメリカ大統領選挙の激戦州であるオハイオ州を松尾先生と共に視察させていただいたことは、かけがえのない経験でした。また、新聞、雑誌、テレビ、ラジオ、インターネットなどの媒体でアメリカ政治について解説をする機会を与えてくださった皆様、そして、様々なところで講演をする機会を与えてくださった皆様にも、お礼を申し上げます。

本書「はじめに」の共同執筆者である黒山幹太君、清水美輝さん、吉積たまきさんは、成蹊大学法学部政治学科で二年連続して私のアメリカ政治の演習に参加するとともに、二〇一七年度に私が開催校理事として成蹊大学で日本比較政治学会の年次大会を開催した際に多大な貢献をしてくれました。この三名の素晴らしさは、単に聡明であるというだけでなく、わからないことについてわかったふりをしないこと、多くの人が当然の前提としてしまうことについて素朴な疑問を提示できるところにあります。「はじめに」で提示したような課題をともに考える中で、各章の内容が決まっていきました。そして、私が各章の内容について解説した後、説明が不十分な点や曖昧な点について、疑問（や不満！）を提示してくれました。章によっては、「もう一度やり直してもらっても協力します」という強烈なメッセージをくれたりもしました。

旧知の西岡穂さんは、本書の元となる原稿の大部分をわかりやすく再構成する上で素晴らしい協力をしてくれました。また、一部資料の作成にも協力してくれました。前著『移民大国アメリカ』に続いて本書を担当してくれた筑摩書房の松田健さんは、相変わらず多くの仕事を抱えている中で、様々な提案をしてくださりました。西岡さんは筆者の高校時代からの、そして松田さんは大学時代からの友人です。温かい御力添えがあったがゆえに、この本が完成しました。心からお礼を申し上げます。

仮に本書に誤りやわかりにくい部分が残されているとすれば、その責任は専ら、様々な指摘に十分に対応することのできなかった私にあります。本書が、アメリカ政治に関する理解に少しでも貢献することができるならば、誠に幸いです。

主要参考文献

＊本書の性格に鑑み、参考文献は筆者が執筆したものを除いて、比較的入手が容易と思われる日本語の単行本に限定した。ここで記されていない、数多くの日本語・英語の学術論文や研究書からも筆者が知的な影響を受けていることは論を俟たない。読者の皆様には、積極的に学術書や学術論文も渉猟し、読み進めていただきたい。

全般に関わるもの

久保文明／砂田一郎／松岡泰／森脇俊雅『アメリカ政治（第三版）』（有斐閣アルマ、二〇一七年）
久保文明編『アメリカの政治（新版）』（弘文堂、二〇一三年）
五十嵐武士／松本礼二／古矢旬編『アメリカの社会と政治』（有斐閣ブックス、一九九六年）
西山隆行『アメリカ政治――制度・文化・歴史』（三修社、二〇一四年）
西山隆行『アメリカ政治入門』（東京大学出版会、二〇一八年）

第一章

トクヴィル（松本礼二訳）『アメリカのデモクラシー（第一巻上・下、第二巻上・下）』（岩波文庫、二〇〇五年、二〇〇八年）
ゴードン・S・ウッド（中野勝郎訳）『アメリカ独立革命』（岩波書店、二〇一六年）
五十嵐武士／福井憲彦『アメリカとフランスの革命』（中公文庫、二〇〇八年）

コリン・P・A・ジョーンズ『アメリカが劣化した本当の理由』(新潮社、二〇一二年)
大西裕編『選挙ガバナンスの実態　世界編――その多様性と「民主主義の質」への影響』(ミネルヴァ書房、二〇一七年)

第二章

A・ハミルトン/J・ジェイ/J・マディソン(斎藤眞/中野勝郎訳)『ザ・フェデラリスト』(岩波文庫、一九九九年)
砂田一郎『アメリカ大統領の権力――変質するリーダーシップ』(中公新書、二〇〇四年)
梅川健『大統領が変えるアメリカの三権分立制――署名時声明をめぐる議会との攻防』(東京大学出版会、二〇一五年)
待鳥聡史『アメリカ大統領制の現在――権限の弱さをどう乗り越えるか』(NHK出版、二〇一六年)
待鳥聡史『〈代表〉と〈統治〉のアメリカ政治』(講談社選書メチエ、二〇〇九年)
松本俊太『アメリカ大統領は分極化した議会で何ができるか』(ミネルヴァ書房、二〇一七年)
中林美恵子『トランプ大統領とアメリカ議会』(日本評論社、二〇一七年)

第三章

西山隆行『アメリカ型福祉国家と都市政治――ニューヨーク市におけるアーバン・リベラリズムの展開』(東京大学出版会、二〇〇八年)
小泉和重『アメリカ連邦制財政システム――「財政調整制度なき国家」の財政運営』(ミネルヴァ書房、二〇〇四年)

川瀬憲子『アメリカの補助金と州・地方財政――ジョンソン政権からオバマ政権へ』（勁草書房、二〇一二年）
西山隆行「アメリカの政策革新と都市政治」日本比較政治学会編『都市と政治的イノベーション』（ミネルヴァ書房、二〇一〇年）

第四章

中山俊宏『アメリカン・イデオロギー――保守主義運動と政治的分断』（勁草書房、二〇一三年）
会田弘継『トランプ現象とアメリカ保守思想』（左右社、二〇一六年）
岡山裕『アメリカ二大政党制の確立――再建期における戦後体制の形成と共和党』（東京大学出版会、二〇〇五年）
久保文明編『米国民主党――二〇〇八年政権奪回への課題』（日本国際問題研究所、二〇〇五年）
吉原欽一『現代アメリカの政治権力構造――岐路に立つ共和党とアメリカ政治のダイナミズム』（日本評論社、二〇〇〇年）
佐々木毅『アメリカの保守とリベラル』（講談社学術文庫、一九九三年）
西川賢『分極化するアメリカとその起源――共和党中道路線の盛衰』（千倉書房、二〇一五年）
西川賢『ビル・クリントン――停滞するアメリカをいかに建て直したか』（中公新書、二〇一六年）
渡辺将人『現代アメリカ選挙の集票過程――アウトリーチ戦略と政治意識の変容』（日本評論社、二〇〇八年）
渡辺将人『現代アメリカ選挙の変貌――アウトリーチ・政党・デモクラシー』（名古屋大学出版会、二〇一六年）

西山隆行「[アメリカ]権力を持った保守の苦悩」阪野智一／近藤正基『刷新する保守』（弘文堂、二〇一七年）

第五章

前嶋和弘『アメリカ政治とメディア――「政治のインフラ」から「政治の主役」に変貌するメディア』（北樹出版、二〇一〇年）
吉野孝／前嶋和弘編『二〇〇八年アメリカ大統領選挙――オバマの当選は何を意味するのか』（東信堂、二〇〇九年）
W・リップマン（掛川トミ子訳）『世論（上・下）』（岩波文庫、一九八七年）

第六章

西山隆行『移民大国アメリカ』（ちくま新書、二〇一六年）
久保文明／松岡泰／西山隆行／東京財団「現代アメリカ」プロジェクト編『マイノリティが変えるアメリカ政治――多民族社会の現状と将来』（NTT出版、二〇一二年）
古矢旬『アメリカニズム――「普遍国家」のナショナリズム』（東京大学出版会、二〇〇二年）
サミュエル・ハンチントン（鈴木主税監訳）『分断されるアメリカ――ナショナル・アイデンティティの危機』（集英社、二〇〇四年）
松岡泰『アメリカ政治とマイノリティ――公民権運動以降の黒人問題の変容』（ミネルヴァ書房、二〇〇六年）
上杉忍『アメリカ黒人の歴史――奴隷貿易からオバマ大統領まで』（中公新書、二〇一三年）

渡辺将人『評伝 バラク・オバマ――「越境」する大統領』（集英社、二〇〇九年）
シェルビー・スティール（藤永康政訳）『白い罪――公民権運動はなぜ敗北したか』（径書房、二〇一一年）
西山隆行「二〇一六年アメリカ大統領選挙と「マイノリティ」」『立教アメリカン・スタディーズ』三九号（二〇一七年）
西山隆行「アメリカの多文化主義と社会福祉政策」飯田文雄編『多文化主義の政治学』（法政大学出版局、近刊予定）

第七章

西山隆行『アメリカ型福祉国家と都市政治――ニューヨーク市におけるアーバン・リベラリズムの展開』（東京大学出版会、二〇〇八年）
渋谷博史『二〇世紀アメリカ財政史（I～III）』（東京大学出版会、二〇〇五年）
根岸毅宏『アメリカの福祉改革』（日本経済評論社、二〇〇六年）
吉田健三『アメリカの年金システム』（日本経済評論社、二〇一二年）
中浜隆『アメリカの民間医療保険』（日本経済評論社、二〇〇六年）
長谷川千春『アメリカの医療保障――グローバル化と企業保障のゆくえ』（昭和堂、二〇一〇年）
天野拓『オバマの医療改革――国民皆保険制度への苦闘』（勁草書房、二〇一三年）
山岸敬和『アメリカ医療制度の政治史――20世紀の経験とオバマケア』（名古屋大学出版会、二〇一四年）
西山隆行「自由主義レジーム・アメリカの医療保険・年金・公的扶助」新川敏光編『福祉＋α：福祉レジーム』（ミネルヴァ書房、二〇一五年）

西山隆行「アメリカ――自由貿易への支持低下と党派対立」大矢根聡／大西裕編『FTA・TPPの政治学――貿易自由化と安全保障・社会保障』（有斐閣、二〇一六年）

第八章

阿川尚之『憲法で読むアメリカ史（全）』（ちくま学芸文庫、二〇一三年）
堀内一史『アメリカと宗教――保守化と政治化のゆくえ』（中公新書、二〇一〇年）
森本あんり『アメリカ・キリスト教史――理念によって建てられた国の軌跡』（新教出版社、二〇〇六年）
飯山雅史『アメリカ福音派の変容と政治――一九六〇年代からの政党再編成』（名古屋大学出版会、二〇一三年）
上坂昇『神の国アメリカの論理――宗教右派によるイスラエル支援、中絶・同性結婚の否認』（明石書店、二〇〇八年）
スーザン・ジョージ（森田成也／大屋定晴／中村好孝訳）『アメリカは、キリスト教原理主義・新保守主義に、いかに乗っ取られたのか？』（作品社、二〇〇八年）
松本佐保『熱狂する「神の国」アメリカ――大統領とキリスト教』（文春新書、二〇一六年）
緒方房子『アメリカの中絶問題――出口なき論争』（明石書店、二〇〇六年）
松尾文夫『銃を持つ民主主義――「アメリカという国」のなりたち』（小学館文庫、二〇〇八年）
西山隆行「アメリカ合衆国における同性婚をめぐる政治」『立教アメリカン・スタディーズ』三八号（二〇一六年）
西山隆行「アメリカの銃規制をめぐる政治――比較政治学を学ぶ意義」高野清弘／土佐和生／西山隆行編『知的公共圏の復権の試み』（行路社、二〇一六年）

ちくま新書
1331

アメリカ政治《せいじ》講義《こうぎ》

二〇一八年五月一〇日 第一刷発行

著　者　西山隆行（にしやま・たかゆき）

発行者　山野浩一
発行所　株式会社 筑摩書房
東京都台東区蔵前二-五-三 郵便番号一一一-八七五五
振替〇〇一六〇-八-四一二三
装幀者　間村俊一
印刷・製本　三松堂印刷 株式会社

本書をコピー、スキャニング等の方法により無許諾で複製することは、法令に規定された場合を除いて禁止されています。請負業者等の第三者によるデジタル化は一切認められていませんので、ご注意ください。

乱丁・落丁本の場合は、左記宛にご送付ください。
送料小社負担でお取り替えいたします。
ご注文・お問い合わせも左記へお願いいたします。
〒三三一-八五〇七 さいたま市北区櫛引町二-六〇四
筑摩書房サービスセンター 電話〇四八-六五一-〇〇五三

© NISHIYAMA Takayuki 2018 Printed in Japan

ISBN978-4-480-07143-9 C0231

ちくま新書

1193
移民大国アメリカ
西山隆行
止まるところを知らない中南米移民。その増加への不満がいかに米国社会を蝕みつつあるのか。米国の移民問題の全容を解明し、日本に与える示唆を多角的に分析する。

1311
アメリカの社会変革
——人種・移民・ジェンダー・LGBT
ホーン川嶋瑤子
「チェンジ」の価値化——これこそがアメリカ文化の柱である。保守とリベラルのせめぎあいでダイナミックに動く、平等化運動から見たアメリカの歴史と現在。

1211
ヒラリーの野望
——その半生から政策まで
三輪裕範
嫌われ、夢破れても前へ進む！　ヒラリー・クリントンの生涯における数々の栄光と挫折、思想、人柄、そして夢を、ワシントン在住の著者が克明に描き出す。

980
アメリカを占拠せよ！
ノーム・チョムスキー
松本剛史訳
アメリカで起きつつある民衆の自発的蜂起が止まらない。金持ちから社会を奪還できるか。連帯は可能か。政治に絶望するのはこの本を読んでからでも遅くない！

1262
分解するイギリス
——民主主義モデルの漂流
近藤康史
EU離脱、スコットランド独立——イギリスは政治の機能不全で分解に向かいつつある。もはや英国議会政治は民主主義のモデルたりえないのか。危機の深層に迫る。

1177
カストロとフランコ
——冷戦期外交の舞台裏
細田晴子
キューバ社会主義革命の英雄と、スペイン反革命の指導者。二人の「独裁者」の密かなつながりとは何か。未開拓の外交史料を駆使して冷戦下の国際政治の真相に迫る。

1258
現代中国入門
光田剛編
あまりにも変化が速い現代中国。その実像を政治史、文化、思想、社会、軍事等の専門家がわかりやすく解説。歴史から最新情勢までバランスよく理解できる入門書。

979
北朝鮮と中国
――打算でつながる同盟国は衝突するか
五味洋治
いっけん良好に見える中朝関係だが、実は恐れ、警戒し合っている。熾烈な駆け引きの背後にある両国の思惑を、協力と緊張の歴史で分析。日本がとるべき戦略とは。

1016
日中対立
――習近平の中国をよむ
天児慧
大国主義へと突き進む共産党指導部は何を考えているのか？　内部資料などをもとに、権力構造を細密に分析し、大きな変節点を迎える日中関係を大胆に読み解く。

1185
台湾とは何か
野嶋剛
国力において圧倒的な中国・日本との関係を深化させる台湾。日中台の複雑な三角関係を波乱の歴史、台湾の社会・政治状況から解き明かし、日本の針路を提言。

882
中国を拒否できない日本
関岡英之
大きな脅威となった中国の経済力と軍事力。そこにはどのような国家戦略が秘められているのか。「超限戦」に対して「汎アジア」構想を提唱する新たな地政学の試み。

1195
「野党」論
――何のためにあるのか
吉田徹
野党は、民主主義をよりよくする上で不可欠のツールだ。そんな野党に多角的な光を当て、来るべき野党を、これからの対立軸を展望する。「賢い有権者」必読の書！

945
緑の政治ガイドブック
――公正で持続可能な社会をつくる
デレク・ウォール
白井和宏訳
原発が大事故を起こし、グローバル資本主義が行き詰まった今の日本で、私たちはどのように社会を変えていけばいいのか。巻末に、鎌仲ひとみ×中沢新一の対談を収録。

1240
あやつられる難民
――政府、国連、ＮＧＯのはざまで
米川正子
いま世界の難民は国連と各国政府、人道支援団体の間で翻弄されている。難民本位の支援はなぜ実現しないのか。アフリカ現地での支援経験を踏まえ、批判的に報告する。

ちくま新書

294
デモクラシーの論じ方
――論争の政治
杉田敦
民主主義、民主的な政治とは何なのか。あまりに基本的と思える問題について、一から考え、デモクラシーにおける対立点や問題点を明らかにする、対話形式の試み。

655
政治学の名著30
佐々木毅
古代から現代まで、著者がその政治観を形成する上でたえず傍らにあった名著の数々。選ばれた30冊は混迷を深める時代にこそますます重みを持ち、輝きを放つ。

1050
知の格闘
――掟破りの政治学講義
御厨貴
政治学が退屈だなんて誰が言った？ 行動派研究者の東京大学最終講義を実況中継。言いたい放題のおしゃべりにゲストが応戦。学問が断然面白くなる異色の入門書。

1176
迷走する民主主義
森政稔
政権交代や強いリーダーシップを追求した「改革」がもたらしたのは、民主主義への不信と憎悪だった。その背景に何があるのか。政治の本分と限界を冷静に考える。

1005
現代日本の政策体系
――政策の模倣から創造へ
飯尾潤
財政赤字や少子高齢化、地域間格差といった、わが国の喫緊の課題を取り上げ、改革プログラムのための思考を展開。日本の未来を憂える、すべての有権者必読の書。

1150
地方創生の正体
――なぜ地域政策は失敗するのか
山下祐介
金井利之
「地方創生」で国はいったい何をたくらみ、地方をどう支配しようとしているのか。気鋭の社会学者と行政学者が国策の罠を暴き出し、統治構造の病巣にメスを入れる。

1310
行政学講義
――日本官僚制を解剖する
金井利之
我々はなぜ官僚支配から抜け出せないのか。政治主導はなぜ無効なのか。支配・外界・身内・権力の四つの切り口で行政の作動様式を解明する、これまでにない入門書。

ちくま新書

847
成熟日本への進路
――「成長論」から「分配論」へ
波頭亮
日本は成長期を終え成熟フェーズに入った。旧来の成長モデルの政策も制度ももはや無効であり改革は急務である。国民が真に幸せだと思える国家ビジョンを緊急提言。

905
日本の国境問題
――尖閣・竹島・北方領土
孫崎享
どうしたら、尖閣諸島を守れるか。竹島や北方領土は取り戻せるのか。平和国家・日本の国益に適った安全保障とは何か。国防のための国家戦略が、いまこそ必要だ。

1033
平和構築入門
――その思想と方法を問いなおす
篠田英朗
平和はいかにしてつくられるものなのか。武力介入や犯罪処罰、開発援助、人命救助など、その実際的手法と背景にある思想をわかりやすく解説する、必読の入門書。

1111
平和のための戦争論
――集団的自衛権は何をもたらすのか?
植木千可子
「戦争をするか、否か」を決めるのは、私たちの責任になる。集団的自衛権の容認によって、日本と世界はどう変わるのか？　現実的な視点から徹底的に考えぬく。

1152
自衛隊史
――防衛政策の七〇年
佐道明広
世界にも類を見ない軍事組織・自衛隊はどのようにできたのか。国際情勢の変動と平和主義の間で揺れ動いてきた防衛政策の全貌を描き出す、はじめての自衛隊全史。

1199
安保論争
細谷雄一
平和はいかにして実現可能なのか。安保関連法をめぐる激しい論戦のもと、この重要な問いが忘却されてきた。外交史の観点から、現代のあるべき安全保障を考える。

1236
日本の戦略外交
鈴木美勝
外交取材のエキスパートが読む世界史ゲームのいま。「歴史」の和解と打算、機略縦横の駆け引き、舞台裏で支えるキーマンの素顔……。戦略的リアリズムとは何か！

ちくま新書

465
憲法と平和を問いなおす
長谷部恭男
情緒論に陥りがちな改憲論議と冷静に向きあうには、そもそも何のための憲法かを問う視点が欠かせない。この国のかたちを決する大問題を考え抜く手がかりを示す。

594
改憲問題
愛敬浩二
戦後憲法はどう機能してきたか。改正でどんな効果が期待できるのか。改憲論議にはこうした実質を問う視角が欠けている。改憲派の思惑と帰結をクールに斬る一冊！

1049
現代語訳 日本国憲法
伊藤真
憲法とは何か。なぜ改憲が議論になるのか。明治憲法と、日本国憲法。「二つの憲法」の生き生きとした現代語訳から、日本という国の姿が見えてくる。

1122
平和憲法の深層
古関彰一
日本国憲法制定の知られざる内幕。そもそも平和憲法は押し付けだったのか。天皇制、沖縄、安全保障……その背後の政治的思惑、軍事戦略、憲法学者の主導権争い。

1250
憲法サバイバル
――「憲法・戦争・天皇」をめぐる四つの対談
ちくま新書編集部編
施行から70年が経とうとしている日本国憲法。改憲論議も巻き起こり、改めてそのあり方が問われている。問題の本質はどこにあるのか？ 憲法をめぐる白熱の対談集。

1168
「反戦・脱原発リベラル」はなぜ敗北するのか
浅羽通明
楽しくてかっこよく、一〇万人以上を集めたデモ。だが原発は再稼働し安保関連法も成立。なぜ勝てないのか？勝ちたいリベラルのための真にラディカルな論争書！

1267
ほんとうの憲法
――戦後日本憲法学批判
篠田英朗
憲法九条や集団的自衛権をめぐる日本の憲法学者の議論はなぜガラパゴス化したのか。歴史的経緯を踏まえ、政治学の立場から国際協調主義による平和構築を訴える。